非诚勿扰三步曲 相亲季

非诚勿扰

If You Are The One

I

单身无罪，相亲有理，
让你第一次相亲就上手

实用主义，效率至上，
相亲也是一门技术活儿

相亲指南针

Compass of Blind Date

让你最容易成功的相亲技巧书

月老凡间 王 泽/著

中國華僑出版社

图书在版编目(CIP)数据

相亲指南针 / 月老凡间，王泽著. —北京：中国华侨出版社，2011.01

(非诚勿扰1)

ISBN 978-7-5113-0897-9

Ⅰ. ①相… Ⅱ. ①月… ②王… Ⅲ. ①恋爱-通俗读物 Ⅳ. ①C913.1-49

中国版本图书馆CIP数据核字(2010) 第226602号

●相亲指南针

编　　著 / 月老凡间　王泽
责任编辑 / 文　锋
版式设计 / 詹湘波
经　　销 / 全国新华书店
开　　本 / 710×1000毫米　1/16开　印张/13　字数/190千字
印　　刷 / 北京市昌平前进印刷厂
版　　次 / 2011年1月第1版　2011年1月第1次印刷
书　　号 / ISBN 978-7-5113-0897-9
定　　价 / 29.80元

中国华侨出版社　北京市朝阳区静安里26号通成达大厦3层　邮编：100028
法律顾问：陈鹰律师事务所
编辑部：（010）64443056　64443979
发行部：（010）64443051　传真：（010）64439708
网　址：www.oveaschin.com
e-mail：oveaschin@sina.com

前言 Preface

相亲有理，非诚勿扰

在冯小刚导演的电影《非诚勿扰》中，有这样一组画面，葛优饰演的男主角秦奋坐在电脑前写征婚启事，伴随着他独特幽默的旁白，他的双手灵活地在键盘上敲出以下文字：

“你要想找一帅哥就别来了，你要想找一钱包就别见了，硕士学历以上的免谈，上海女人免谈，女企业家免谈（小商小贩除外），省得咱们互相都会失望。刘德华和阿汤哥那种财貌双全的郎君是不会来征你的婚的，当然我也没做诺丁山的梦。您要真是一仙女我也接不住，没期待您长得跟画报封面一样看一眼就魂飞魄散。外表时尚、内心保守，身心都健康的一般人就行，要是多少还有点儿婉约那就更靠谱了。心眼别太多、岁数别太小，允许时常有不切实际的想入非非，但三句话就能给轰回现实还不气不恼顶多有点儿难为情地咧嘴一笑就该干吗干吗去了。我喜欢会叠衣服的女人，每次洗完、烫平，叠得都像刚从商店里买回来的一样。说得够具体了吧。”

秦奋写得很明确，也很实在，在征婚启事的最后，他没忘了特地加上四个字：非诚勿扰！

秦奋阅历颇丰，自然是个明白人。他说的没错，涉及感情、婚恋问题，必须非诚勿扰！

人生自古多烦忧。除了工作、事业之外，人最大的困扰恐怕就是婚恋了。一个人的时候很孤单，费了半天劲儿，还是找不到男朋友或是找不到女朋友，真的让人很受伤。还可能好不容易谈了一场恋爱，却以悲剧收场——分手了。时间流逝，不经意间自己就变成“剩男剩女”了，细细想来，不由得心下一片恐慌——我的爱人，你到底在哪里啊？

即使你不断地寻寻觅觅，走在大街上，过往的路人何止千万，即使真的能在路上碰到心仪的那个他（她），但是，你有勇气上前搭讪吗？又有信心能成功俘虏他（她）的心吗？何况，眼缘不错并不意味着真的合适，换言之，搭讪的成功率是很低的。那么，难道真的没有别的办法可循了吗？

或许，相亲是个不错的选择。

很多人对相亲不屑一顾，认为这种告别单身的方式太过俗套，似乎相亲这种老掉牙的套路，要么是嫁不出去的老姑娘或是实在娶不上媳妇儿的大龄男走投无路的选择，要么就是丑女丑男的专属婚恋方式。

可月老凡间认为，以上想法实在值得商榷！

浪漫地邂逅，然后一见钟情，双双坠入爱河……这样的爱情，可能人人都憧憬，却不是每个人都能遇得到。毕竟，在无边无涯的时间荒野里，没有早一步，也没有晚一步，刚巧赶上了，彼此打个照面就能你情我愿的爱情是不是更像童话里的故事呢？那么，当爱情姗姗来迟时，与其苦苦等待，为什么不主动去相亲，主动去寻找自己的爱情呢？

当爱情没有通过浪漫的邂逅空降下来，或是在青梅竹马的时光里被培养出来时，相亲当然不失为一种赢得幸福的捷径。通过《相亲指南针》这本书，我们正是希望能引导大家重视这个正确的爱情理念，正是希望本书能够给你的相亲之旅提供巨大的助益。如果你能认真读完，你就一定会发现：相亲绝不是一条羊肠小径，而是一条能够直通幸福的光明大道。

对此，月老凡间当然有充足的理由。

首先，相亲可以大大提高婚恋效率。

这是一个凡事都讲究效率的时代，恋爱也是如此。生活节奏太快，工作压力太大，不能让我们通过一场马拉松似的恋爱方式了解彼此，那么，如何在有限的时间内找到真爱，如何能用最高效的方式组建起幸福家庭，这才是广大未婚男女最关心的问题。而相亲，无疑是快速解决这一问题的最佳方法，因为相亲的最大优势就是目的明确、简单高效。

我们可以毫不夸张地说——相亲是赢得真爱和幸福的一条捷径！

其次，相亲并不老土，而是一种最时髦的婚恋方式。

打开电视看看就知道了，江苏卫视的相亲节目《非诚勿扰》异常火爆，其收视率甚至盖过了风头正劲的湖南卫视娱乐节目。为什么？就是因为相亲这种形式，已经越来越被现代人所接受了。况且，目前社会上的“剩男剩女”数量如此庞大，已经远远超过了很多人的想象。毫不夸张地说，相亲很有可能成为涌动在当代中国单身男女中的一股潮流，并将继续火热地发展下去。江苏卫视的《非诚勿扰》引得万千观众瞩目，也从侧面反应了公众对相亲这一话题的关注与探索。

在相亲节目《非诚勿扰》里面，一众美女嘉宾端站台上，对男嘉宾评头论足，她们妙语连珠，各种时尚前卫的婚恋观点层出不穷。似乎就在一夜之间，这档相亲节目就成了中国民众最火热的谈资，也捧红了不少女嘉宾，更让“相亲”这个沉寂多年的词汇重新焕发出了蓬勃的生命力。于是，月老凡间有理由相信：相亲已经俨然成为了一种最时髦的婚恋方式。

最后，相亲更容易找到真爱。

人人都想找到真爱，然而这谈何容易，很多人寻觅一生，也未必能遇到。与其在茫茫人海中如无头苍蝇一般乱撞，不如带上一颗真心与靠谱的他（她）相一次亲。通过这种目标明确的方式，其实我们更容易找到真爱。

现在的相亲，可以说是用传统的方式，演绎着现代的真爱。也许，你会觉得这种婚恋方式比自由恋爱少了一丝浪漫，多了一丝沉重，但不可否认的是，这种存在了千百年的形式，自有它美好的一面。至少，它会让你的寻爱之旅变得迅速、简单、有效。

如今，已经有越来越多的人意识到以上道理，有越来越多的单身男女逐渐加入了相亲大军的队伍。不过，令人遗憾的是，很多单身男女鼓足勇气迈出了相亲的第一步，却并不懂得到底该怎样去相亲，不懂得以什么样的方法才能在最短的时间内找到真爱。尽管他们也在不断地见面、交谈，不断地约会、见家长，但是，一打一打的对象从身边经过，始终没有遇到那个正确的人（Mr.Right）。一番忙碌之后，还没有到谈情说爱的关键环节就pass掉对方或是被对方pass了……

为什么会出现这种情况呢？是因为他们还不够“诚”，是因为他们的方式、方法、技巧不对！

相亲不是谈判做生意，不需要尔虞我诈；

相亲也不是朋友聚会，不可以吊儿郎当；

相亲也不是敌我较量，容不得埋伏陷阱；

相亲就是相亲，这里有一个永恒的原则，那就是——非诚勿扰！

我们需要工作，我们需要真爱，我们更需要幸福，因此，我们欢迎相亲！所有的单身男女们，所有在婚恋路上埋头赶路的人，大胆地告诉自己，也告诉所有的单身朋友——让我们去相亲吧！相亲有理，幸福可求！不过，记得提醒自己和大家，请一定非诚勿扰！

目 录
Contents

第七章

左边是陷阱，右边是幸福

第八章

十二星座女生相亲指南

第九章

十二星座男生相亲指南

非诚勿扰 1

第一章

扑面而来的“剩时代”，你还在等什么

这是一个“剩”字当头的时代，很多商品被剩下了，在婚姻情感上稍有迟疑的那部分人也被剩下了，于是“剩男剩女”出现了。

所谓“剩”，就是说很多人错过了婚恋的黄金年龄，无奈地“被剩下”了。他们放眼四周，不由得叹息连连，周围的、家里的“催婚声”一阵紧似一阵。当下，剩男剩女正以几何级数增长，他们遍布社会的各个角落，被戏称为这个时代的“情剩”。

工作太忙没有时间、交际圈子太小、太喜欢“宅生活”……这些都可能成为他们剩下的原因。

不管是主动的还是被动的，“被剩下”多少有些尴尬，也最终成了一个无奈的社会话题。

很多剩男剩女都是“被剩下”的，其实他们中的每个人都渴望能牵手幸福，但是，如何才能成功突围，赢得另一颗真心？

如果“剩”得无奈，请拿出相亲姿态

对于相当一部分人来说，“剩男剩女”也许早已不是新鲜词汇，由于人员众多，“剩男剩女”已经成为一个庞大的群体。据民政部门统计，2008年我国的适婚人口为1.8亿，办理结婚登记的有1098.3万对，也就是说，有2196.6万人结束了单身生活走进了婚姻的殿堂，而剩下的1.58亿人口都成了某种程度上的“剩男剩女”。

有这么多的剩男剩女，难道“剩时代”真的不可避免了吗？难道是单身主义盛行于天下？

其实不是，剩男剩女是很多，不过不是单身主义泛滥，也不是因为

"剩时代"来临，而是由于很多适婚人士找不到合适的另一半来结婚组建家庭。

一般而言，很多剩男剩女都是比较优秀的。重庆发布的一份《剩女调查报告》，是对重庆500名28岁以上、未婚且无结婚对象的女青年进行调查后得出的结果。调查显示，有83.56%的剩女拥有自己的房子，16.4%拥有多套住房，29.16%的剩女有自己的私家车，75.46%的剩女月收入在4000～7000元，2.78%的剩女月薪在7000～10000元，月收入3000元以下的仅占21.76%。

大体而言，剩男剩女有明显的三大特征：高学历、高收入、高年龄。然而有关剩男剩女年龄划分又不一样，剩男一般指30岁以后的单身男人，剩女则是指25岁以后的单身女人。年龄偏大是剩男剩女最显著的特征，而相对而言，年龄大未必是男性的劣势：大部分男性最理想的结婚年龄是30岁以后，而女性的结婚机会从25岁起就开始逐年递减了。

俗话说，男大当婚、女大当嫁。面对婚姻，剩男剩女承受着来自社会各方面的压力：当嫁不嫁、父母害怕；当婚不婚、爸妈担心。尤其是过了适婚年龄还找不到对象的那部分人，承受的压力会更大，这些人中的很多人的生活也会因此变得磕磕绊绊。

《2009城市白领婚恋状况调查报告》的数据显示，41.2%的未婚女性担心自己嫁不出去，而8.1%的未婚男性担心自己娶不到老婆。单身女性面对来自家人亲戚、朋友、社会舆论等多重压力，她们所承受的社会舆论压力比单身男性要大得多。

面对来自四面八方的诸多压力，面对欲语还休的婚姻，大龄男女们该何去何从？怎样才能从困境中成功突围？怎样才能早日找到合适

的另一半？

答案是——相亲，我们正处于一个激情四溢的相亲时代！

相亲看似老套，还一度被新新男女们视为“洪水猛兽”，但是现在，却有越来越多的青年男女以坦诚开放的理性姿态来看待它，并最终欣然接受，因为这是一个以速度和效率取胜的时代，相亲是社会和时代发展的必然要求。

让我们回过头来再思考一下这个问题：为什么会有那么多适龄青年找不到合适的另一半呢？答案无非是工作太忙没有时间，当惯了宅男宅女，喜欢足不出户的日子。其实，归根结底，没有合适的另一半，原因无怪乎是接触的异性太少，可供选择的对象实在太少了。

先让我们来看一个真实的案例：

一位从日本一所大学毕业，取得了日本的商业簿记一级资格（会计证书）的女士，在回到家西安上班之后，她的年龄已经不算小了，马上就要过30岁生日，在家人的催促之下，她也很想尽快找到那个Mr Right，但忙乎了半天，却四处碰壁、一无所获。

痛定思痛，她立刻总结了一些经验，明确了自己的择偶要求：对方的年龄要在32岁至35岁之间；身高在1米72以上；五官端正、身体健康；体型应该是瘦长型的，要爱干净，不留长指甲；还得爱学习，学历上得拿到硕士或博士学位，最好还能看上去气质儒雅；经济上呢，可以不富有，但在精神上却必须有所追求；哦，最好在自己上班的西安高新区附近工作，以方便约会。

然后她开始计算符合自己要求的男士。

西安约有830万人，32～35岁的未婚人士大约占1/3，约276万人；北方人身材普遍较高，以身高1米72以上的占2/3计算，约有184万人；体型瘦长的北方男性很少，再以1/3计算，约有61万人；要满足硕士或博士学位不是很容易，乐观点计算，大约有3万人符合她的要求。

西北人大多性格豪放，如果儒雅者占 1/3，那就剩下约1万人了；但在精神上有所追求的人也不是很多，这样算下来的话，1万人里面，勇于追求精神理想的，以 1/20计算，最后就剩下500人了。最后再加上在高新区工作这一条，再按1/20计算，只有大概25人完全满足她的要求，再减掉一半同性人数，只剩下十几个人了，可是，茫茫人海中，到哪里去找这十几个人呢？她再次陷入了困境。

“如何在茫茫人海中找到适合自己的人呢？”我们的答案就是——相亲。

如果你的择偶条件很明确，想早点找到属于自己的幸福，相亲是最好的选择。我们可以试想一下，大家怀着相同的目的来见面，条件符合则约见，如果见面一切都合适，相亲就算成功了——就这么简单！

相亲的最大好处就是能够在很短的时间内在茫茫人海中找到符合自己要求的另一半，然后见面约谈、确认双方的适配度，合则继续，不合则pass，省去了长时间寻找符合自己要求的另一半的麻烦。相亲极其高效，效果也可控。

如果你想早日结婚，却不清楚自己对另一半有什么要求，那么，相亲对你也大有裨益：也许通过为数不多的几次相亲，你就能更加了解自己的内心，知道自己到底需要什么样的另一半。

我们说相亲是极其高效的，那是因为，很多时候，几分钟就可以完成一次相亲，很多人甚至尝试过在午休时间完成一次相亲。此外，相亲可以制造大量和异性见面的机会，如果我们按照一次相亲按两小时来计算，一天能够在中午和晚上各相亲一次的话，一年就可以相亲 3650次，在3650个符合条件、诚意满满的相亲者里面，你找到另一半的概率是不是大大增加了呢？当然，以上只是一种理论状态，在现实中，恐怕几乎没人能坚持在一年的时间内一天不落地去相亲，但是，通过以上分析，我们不难看出，相亲的确是一种效率非常高的寻找另一半的有效手段。

这是一个速度与效率并举的时代，是一个相亲有理的时代，只要你能掌握恰当的相亲技巧，摆脱“被剩”的标签并不是什么难事！

现实中，很多单身者都有这样的困惑：为什么剩下的偏偏是我？

对于很多剩男剩女来说，单身是一个无奈的选择，不是不想找到另一半，而是总遇不到合适的那个人。他们之所以无奈地“剩”着，不外乎属于以下几种类型：

1. 爱情幻想型

对爱情的期待过于完美，幻想着能与梦中佳人或白马王子结成连理，但童话与现实之间的差距太大，他们始终找不到理想中的另一半。抱着宁缺毋滥的想法，他们就“剩”下了。

2. 高不成低不就型

通常这类人的自身条件并不差，收入也不低，学历可能还很高。在面对另一半的问题上，他们虽不像前一类人那么执著，但因为条件太好的自己攀不上，条件比自己差的自己又看不上，陷入一种高不成低不就的窘况中，他们的终身大事也就被耽搁了。

3. 命运作弄型

这类人的爱情命运可谓坎坷，他们也不是很挑剔，也没有非君不嫁、非卿不娶的执拗，但总是阴差阳错地与爱情一次次擦肩而过：要么人家喜欢他，他不喜欢人家；要么他喜欢人家，人家不喜欢他。一来二去，他们的年纪也就大了，也就“剩”下了。

4. 遇人不淑型

这类人曾在爱情的征途中遭遇重创，至今不能恢复。谈情色变、心门紧闭是他们的特点，无奈之下，他们只好眼睁睁地看着时光飞逝、年华老去了。

5. 专心于事业型

这类人工作至上，一切以工作为中心，这样的人往往事业得意、情场失意。他们也不是不想找到另一半，而是因为一心扑在了工作上，实在没有时间来解决情感问题。

综上所述，我们可以发现，“剩下”的原因无非是可以接触到的合适异性太少，尤其是能遇到人生目标一致、性格合拍、家庭背景类似的异性就更难了，这是导致剩男剩女产生的最主要原因。

而相亲的最大好处就是可以在短时间内让“剩斗士”们接触到大量目的明确的异性。可供选择的异性数量越多，相对而言，找到幸福的可能性就越大，而且，在此过程中，一见钟情也不是不可能啊！

你还在为自己的终身大事发愁吗？还在怎样摆脱单身身份这件事上踌躇、焦虑吗？请不要害怕自己“年事已高”，年龄绝不是获得幸福的障碍，坚定地告诉自己，勇敢去相亲吧，幸福就潜伏在相亲的路上。

相亲，也是分阶段的

男大当婚、女大当嫁，这是一句至理名言，在合适的年龄找到合适的人，组建一个美满家庭，不但能让父母亲友放心，更能收获完整的幸福人生。

正如前文所说，很多人因为各种原因，错过了恰当的时间，错过了合适的机遇，错过了最好的那个人，导致自己“剩”下了。既然事实已经如此，与其自己着急、朋友担心、家人焦灼，不妨换一种思路，不再被动等待，而是大胆出击，勇敢地去相亲！

事实证明，通过相亲建立的恋爱关系可能比浪漫邂逅建立的更加牢固，相亲成功后走进婚姻殿堂的人数也在逐年升高。相亲，看似简单，实际却不然，想在最短的时间内通过相亲寻觅到另一半，这里面大有学问。

一般而言，大部分人的相亲经历可以分为以下三个阶段：

第一阶段：观望积累期

这一阶段的基本表现是双方扭扭捏捏、紧张不安。说白了就跟学生第一次参加入学考试一样，没有什么经验，心里忐忑不安，七上八下，如临大敌。处于这一阶段的男女，在第一次相亲见面之后，接下来基本不会再有进一步接触了。

第一阶段实际上是一种相亲演习，通过第一阶段的相亲，你会知道相亲是怎么一回事，有什么流程，见面时该聊什么，什么话题该说，什么话题不该说。

通过不断地练习与实践，随着相亲经验的不断积累，你会很快进入相亲的第二阶段。

第二阶段：大胆开拓期

经历了第一阶段的观望积累，相亲者不会再扭扭捏捏或紧张不安，更不会再像第一阶段那样忐忑不安，在与相亲对象见面的时候，也不会羞羞答答不好意思发问和回答问题，因为经过相亲第一阶段的碰壁和反思，你会勾勒出未来另一半的模糊身影，虽然还可能有些说不清楚对另一半的具体要求，但也不再毫无头绪了。

进入相亲第二阶段的人，已经基本适应了相亲的节奏与要求，正因为“经历”多了，就见多识广，这时，你除了对另一半会有一定的要求，还会对对方的家庭情况，甚至是对方的亲戚朋友，都会表现出一定程度的关心。

这一阶段相亲的要点是扩大相亲范围，大胆开拓，争取广撒网、多捕鱼，相亲的次数越多、面越广，遇到合适对象的几率就越大，相亲成功的机会也就越大。

在这一阶段，你可能会遇到很多不错的人选，如果遇到一个在各方面条件都适合，而且你们双方都谈得来的对象，最好要当机立断，该出手时就出手。因为无数人的相亲事实早已证明，把追求行动一次次推后，很可能会错过最好的，而一旦错过了可能就永远没机会了。

请大家切记：在合适的时间遇到大体满意的对象，除非有特殊情况，她（他）就是你的理想归宿。

如果你错过了这个阶段的大量机会，那你就不得不进入相亲的第三阶段了。

第三阶段：守株待兔期

经过了前两个阶段的洗礼，你已经可以称得上是一个资深相亲人士了，在这一阶段，你对自己的另一半已经有了相当明确的要求，不只是模糊的印象，不管是对方的长相、穿着还是气质，抑或是对方有无车子、房子和工资状况，你可能都有了清晰地要求。出现这样的变化，主要原因在于，你在第二阶段错过了大量的优秀对象，甚至可能已经错过了合适的另一半，失去了才觉得珍惜，正是因为这个原因，你才会真正认识到自己的另一半究竟应该长什么样儿，因为你已有了非常具体的参照。

既然一切都很明确了，那就守株待兔吧！保持你的相亲习惯与节奏，但一定要记住，千万不要再盲目了。耐心等待那个符合自己心中要求的另一半出现吧，然后一切就都水到渠成了。

在这一阶段，那些够勤快、够用心的人，就能找到心仪的另一半，一起走进美满的婚姻生活。

相亲，是最时髦的婚恋方式

不管你是不是剩男剩女，不管你是不是适婚人士，其实，只要想结束单身，走进婚姻殿堂，你就是处在黄金年龄的单身人士，通过相亲，高效率地找到另一半，不但能安慰自己那颗孤寂的心，也能安慰家中为你的终身大事牵肠挂肚的白发双亲。

当然，能够通过相亲找到另一半，最开心的恐怕还是当事人吧！

虽然相亲是一种高效率的婚恋方式，可很多人都对相亲有着过多偏见，认为相亲古老过时，是嫁不出去的老姑娘和老男人迫不得已的选择，其实，这种偏见大错特错，恰恰相反，相亲的婚恋方式不但时尚，而且合理，通过相亲结婚是一种敢于直面人生问题的勇敢表现。

现在整个社会都很忙碌，生活节奏也很快，一般人大学毕业都已经二十几岁了，毕业后又忙着找工作，参加工作之后，开始朝九晚五的生活，加上一些大城市里堵塞的交通，还有经常性的加班，每天早上六七点起床，晚上八九点回家是再正常不过的事情了。我们不妨总结一下现在社会人的忙碌生活：每天的日程无非是起床洗漱——在路上——工作——午饭——工作——在路上——回家吃晚饭——洗漱、睡觉，周而复始。

很多人刚开始工作的时候，基本没有时间谈一场正常的恋爱。每个刚刚大学毕业初入职场的人都对自己的职业未来有所期待，大部分人都会在工作上加倍努力，希望早日做出成绩获得晋升。时光匆匆流逝，一转眼很多人才恍然发现自己都快30岁了，仍然是孑然一身。在传统思想中，30岁是人生的一个门槛，是大部分人进入婚姻的最后时间，再不结婚就会被剩下，而结婚呢又没有合适的人，退一步讲，你总不能随便找个单身的异性一起凑合过完一生吧？

要生存就必须工作，婚姻又经不住一拖再拖，当你确实没有时间随心所欲地谈一场恋爱的时候，相亲或许是你最好的选择。

在香港，适婚年龄的人口比例呈现女多男少的特征，20到40岁的香港女性，要比男性多出整整29万，男女比例是100∶129，女性足足比男性多了快3成，因此，很多香港女性愈来愈担心自己会嫁不出去，都不约而同地选择通过相亲的方式来寻找婚姻中的另一半。又因为大部分女性的工作都太忙，她们不得不追求一种快、狠、准的相亲方式，于是就出现了一种别开生面的“午休相亲”。

“午休相亲”就是利用短短1个小时的午休时间来进行相亲约会。据调查，午休相亲特别火爆，现在保持着每年20%的增长率。我认识的一位香港女性说：“我觉得这种事（相亲）不用怕出丑或尴尬，因为我是单身，而且我希望找到一个合适的人，能够同对方结婚。事情就这么简单！”

的确，午休相亲是很实际的，也很现实。第一次见面的两人，要在短短的1个小时内把握机会好好聊一聊，如果合不来，一起吃完午餐后，就各自回去上班，以后再不联系；若是彼此印象都不错，那么下班后可以立刻再次约会。这样的相亲方式，既不会影响彼此工作，也不耽误自己的终身大事，何乐而不为呢？

每个人都要对自己的人生负责，如果你拒绝过剩，但有苦于时间有限、资源有限，那么，用相亲的高效方式去寻找另一半，不但是最适合你的婚恋方式，也是幸福人生的必修课。

傻等幸福来敲门？还是算了吧

婚姻和爱情不是等来的，而是要靠积极寻找的。尤其是大量的“高龄”男女，千万不能坐等幸福来敲门，而要主动出击，积极去相亲，努力去追逐幸福。

有一首歌，叫《一辈子的孤单》，是奶茶刘若英唱的，她唱出了“剩斗士”们内心的不甘与矛盾，下面是这首歌里的几句歌词：

喜欢的人不出现
出现的人不喜欢
有的爱犹豫不决
还在想他就离开
想过要将就一点
却发现将就更难
于是我学着乐观
过着孤单的日子
…………

没有人愿意拒绝甜蜜的爱情，拒绝彼此间的真爱，很多剩男剩女之所以没有找到真爱，没有找到命定的另一半，应该都有自己的理由，而且都很充分。但是，我们必须明白这一点，要找到真爱，就不能抱着那些让你单身的理由和借口不放，而一定要积极地行动起来，勇敢去相亲。如果你本身就是情非得已的“剩斗士”，却又迟迟不愿为摆脱单身努力，那么，你很可能会真的“就这样孤单一辈子”了。

根据百合网的调查显示，在女性的年龄这一问题上，在某个中等偏上条件的女性25岁时，有65%的男性认为她是理想的婚姻对象；30岁时，有26.5%的男性会选择她；而到了35岁时，想牵手她的男性只有 12.5%。相反，同样是某名中等偏上条件的男性，在他31岁时，有82%的女性认为他是理想的婚恋对象，而到了35岁，他的支持率则下降到30.4%，他40岁时更是降到了15.2%。可见，随着年龄的增长，男女在异性眼中的吸引力是呈直线下降的，而男性对女性的年龄要求恐怕更为苛刻。

因此，时间不等人，缘分也需要及时把握。每个人都有自己的缘分和爱情，相亲，实在是一件利人又利己的事。

他1米88的个头，五官端正，毕业于上海复旦大学中文系，后来在一家著名媒体做编辑，因为平时忙于工作，一晃都30多了，父母很替他着急，命令他赶紧抽时间去相亲。他想："不管怎么样，这辈子总是要结婚的。相亲就相亲呗!"于是，他没有拒绝父母的要求，乖乖地去参加了相亲派对。他的目的也很明确：找到合适的对象，然后结婚。

她呢，身高1米70，瓜子脸，长发披肩，面容娇好，在外企上班，月薪不菲，是个标准的白领，追求者甚多，可她平日工作很忙，根本没有慢慢筛选结婚对象的时间。偶尔闲下来的时候，她才突然意识到自己已经30岁了，心里不由得慌了起来："再不找到合适的人，只怕真要嫁不出去了。"她家里也很急，就替她报名参加了相亲派对。

相亲派对上，人不算少，他们看到了对方，几乎是一见钟情，都感觉对方很亲切，两人聊了几句，更是互生好感。之后，他们互相交换了联系方式，开始频频联系。

一段时间下来，两人发现彼此在各方面都很般配，各自的性格、习惯甚至家庭背景都很合拍，在得到双方家长的祝福后，两人很快就结婚了。

一年后，两人的宝宝出世了，现在，他们一家三口过得非常幸福。

他们的幸福是通过相亲派对找到的，他们的婚姻也是相亲促成的，婚后的幸福生活让他们对相亲充满了感激。如果他们只是被动地原地踏步、等待幸福，真不知道要等到什么时候才能遇到那个对的人。

非诚勿扰 I

第二章

准备去相亲了吗，请非诚勿扰

相亲的目的应该是寻找相伴一生的生活伴侣，这件事牵扯着两个家庭的幸福，影响着双方一生的快乐，关系着人生中最重要的选择，所以，无论是谁都必须付出真情实意，一定非诚勿扰。

电影《非诚勿扰》中葛优在征婚启示的最后写着：“有意者电联，非诚勿扰。”这句话里有两个重要的词汇“有意者”和“非诚勿扰”。

“有意者”：即是有意相亲者，是指那些不拒绝相亲，不草率应付相亲，而且要对相亲的另一方有诚意的人；

“非诚勿扰”：即是要真心相亲，不能抱着游戏的态度，是指那些在内心真诚地希望通过相亲的方式寻找到终身幸福的人。

因此，非诚勿扰是相亲的基本准则——有诚则灵，无诚免谈！

解读相亲密码

相亲还有密码？是的，完全正确！现在就让我们来看看何谓相亲密码。

1．相亲不是为了打发无聊的光阴

相亲的根本目的是为了找到自己的另一半，然后组建家庭，实现幸福人生计划。如果你没有这个意愿，不管你有什么驳不开的面子，请都不要去相亲，否则你既是对自己不负责任，也是对别人的极端不尊重。

2. 相亲者的年纪是有范围的

参加相亲人的年纪应该在适婚年龄以上，换言之，参加相亲的目标人群应该是22岁以上的男士和20岁以上的女士。

3. 要善于利用你的人脉

要提高相亲成功率，你就得进行宣传造势。当然，我们不是让你在脖子上挂个牌子，写着“我想结婚”，然后广而告之。而是，你首先要有意无意地让身边的同事朋友知道你现在单身，而且想找个合适的对象，这样，总有一些好事的人就会开始替你操心了。当然，你的自身条件和人缘不能太差，你完全可以要求自己的好朋友尤其是异性朋友帮你四处物色合适人选。这样，要不了多少时间，你就能获得相亲机会了。此外，还要发动父母和亲戚积极帮你找合适人选。

4. 理性分析你的介绍人

很多人可能对这一点感到不解，为什么要分析介绍人呢？其实这是个很简单的道理。首先，你要看介绍人和你的关系怎样，一般来说，和你关系非常好的介绍人，一定会站在你的立场上看问题，给你介绍的另一半也应该是他认为和你比较相配的，这样一来，你所面对的相亲对象首先在大体上就与你较为般配了，这无疑能提高你的相亲成功率。如果介绍人和你不很熟，比如，仅仅是一般的朋友或同事关系，那么他很可能只对你们双方的情况有个大概了解，这样一来，自然不能与上面一种情况相比。

接下来，你还得看看介绍人的人品和平时的为人处世方式，如果介绍人平时是个在工作和生活上都很靠得住的人，那么即使你们的关系一般，他给你介绍的对象也不会太差；如果对方平时就是个说话没谱、做事马虎的人，那么即使你们的关系再好，你也得仔细掂量掂量。

因此，在有人提出要给你介绍相亲对象的时候，你一定要认真审视一下介绍人，如果介绍人的人品和办事能力都很差，那你一定要考虑清楚再做决定，免得既浪费了时间和金钱，还落得个欠人情的结果。

5. 见面前，要打听一下对方的基本情况

相亲前，你最好通过介绍人对对方有一个大体上的了解，比如对方的年龄、学历、工作、和家庭情况等。你不必问得太多，否则介绍人很可能会对你产生看法，但是上面所列的几点是应该问清楚的。此外，对于另一半的一些基本条件，你应该在心里划定一个底线，如果对方连你的底线都达不到，那你也就不要再浪费彼此的时间了。

6. 约好时间、地点再见面

见面的时间一定要安排在大家都比较合适的时候，最好是在周末，一般而言，周五的晚上是比较理想的，因为一般人在此时心情都比较轻松，再则，如果第一次见面后感到比较满意，周六日还可以继续相约。

再来说地点，与时间相比，约见的地点是大有讲究的。最好不要安排在饭店里见面，其实和陌生人初次见面就吃饭原本就是一件有点尴尬的事情，何况，你们还要彼此分心对对方进行评价，这样可能会更增加彼此的尴尬感觉。

其实，如果方便的话，第一次见面的最好地点就是介绍人的家里，这种私密的会晤很适合在私密的空间里进行，不需要介意周围人眼光的时候，彼此都容易放松。大家可以随便地聊聊天，然后看看初步的感觉，再决定下一步计划。

7. 第一眼就发现不喜欢对方怎么办

一个人是否喜欢另一个异性，很多人会在见面的第三秒就有答案了。无数的事实也证明，如果对方对你没有什么好感，你再怎么努力都徒劳无功。

其实很多人都有这样的经验，相亲的时候，在你看到对方第一眼后，其实你心里就已经知道你愿不愿和她（他）继续相处下去了。所以，当你的相亲对象对你不理不睬，在你百般纠缠下，才对你说可以考虑考虑的时候，你就应该意识到，你已经被pass了。

如果你在看对方第一眼的时候就不喜欢对方，那你最好找个借口走人吧，没有必要再深入交谈下去了。如果你怕你的匆匆离席会让对方不

快，那么你要记得，一旦谈多了让人家误以为你对人家有意思，将来对对方的伤害可能会更大。

8. 第一眼就喜欢对方怎么办

如果你发现自己很喜欢对方，那么你就得注意了。如果你是女生，那比较好办，继续含蓄下去就可以了，男人是不会很在意的；如果你是男生，你就一定要记住，不管你的相亲对象多么让你心旌摇荡，你也要保持本色的自己，切不可自乱阵脚。

很多人一旦遇到自己喜欢的人往往不由自主地变得做作了起来，其实那是很愚蠢的，如果对方对你也有好感，就可能会让人家觉得你这个人有点奇怪，进而很可能会对你产生不好的印象，如果对方对你没有好感，你的失常表现不但不会让对方改变对你的印象，反而更会让对方失去胃口。

不过，一定要注意，保持本色的意思不是指大大咧咧，不拘小节，或是信口胡说，不考虑别人的感受；保持本色是在不拘谨、彬彬有礼的前提下，既要斟酌说话，又要尽量表现出自己的真实想法，别故意迎合对方。

此外，初次见面最好不要聊太长时间，一小时左右就比较合适了。

以下几条可能更适合单身男士参考，但现今“倒追”的现象日益普遍，所以，遇到你的“菜”，就大胆行动吧！

9. 保持联系

如果中意她，你可以在当天给她发条短信，注意，一定要诚恳坦率、不卑不亢，例如：“认识你很高兴，希望我们能有进一步了解。”很简单的话，但是挑不出任何毛病。正常情况下对方会很快回应你，但是因为刚刚认识，处于试探性的交往，别指望你能收到“我也很喜欢你，你以后要好好对我啊！”这类的肉麻话。但是一旦你得到肯定的答复，你们的交往就可以开始了，以后你也就可以正常联系她了。

很多男生在相亲结束后都会非常急切地想把自己喜欢的女生约出来，但是应注意，约会的时间很重要。比如你是周五和对方见面的，那周六或周日再约对方出来，一般没什么问题。如果你们是周一见面的，周二想再次约对方就显得有些操之过急了。如果女生业喜欢你，她很可能会赴约；如果对方不是很满意你，你这样做就显得很唐突了，恐怕连最后一点好印象都会从对方脑子里溜掉了。所以，第一次约会后，最好先用短信和电话保持联系。

10. 邀约

如果你想约对方出来，最好不要用发短信的方式，这么做不是因为发短信不能把事情说清楚，而是因为短信联络有其局限性，如果你打电话给对方，就可以从对方的语气中猜测出她（他）的真实想法。

选择在合适的时间打电话，要表现得大方一些，如果对方喜欢你，你的第一次邀约，不管怎样，对方肯定会出来的。如果对方说出一个不能赴约的借口，而又就此打住没有下文了，那么就是对方太过矜持，或是你已经被pass了，后者的可能性更大些。如果对方真的有事不能赴约，一般而言，她（他）会在电话里主动提议改时间再约。

11. 深入交往

深入交往在相亲过程中是最为关键的。如果你很确定自己的感受，而且也能感觉对方对你的好感，那么，你就可以开展短信和电话攻势了。

一开始不要太频繁，一天五六条短信，两三天一个电话就比较合适了。如果双方都感到满意，肯定会越来越频繁地联系，而且对方也会主动联系你。

12. 主动表白

交往一段时间后，如果你觉得有恋爱的感觉，而且对方经常会主动联系你，那你就可以准备摊牌了。毕竟相亲是目的明确的恋爱前奏，如果你是一位男士，在这一点上请一定主动一些，绝大部分女士在恋爱这件事情上还是希望男人主动表白的。

你最好选择一个有意义的日子，比如在你的生日或是你们的某个约会纪念日进行表白，如果对方同意了那就皆大欢喜，如果遭受拒绝也不要立刻就放弃，应该在仔细冷静地思考分析后再决定是继续努力还是勇敢放手。

抱着无所谓的态度？你何苦为难彼此

相亲是一件大事，应当严肃、认真对待，双方都能做到真心诚意是相亲男女走得更远的保证。然而，个别人相亲时缺乏真心，没有诚意，总是抱着一种“无所谓”的态度——见不见无所谓，成不成无所谓。怀抱这样的态度，十有八九是要相亲失败的。

出生于农村的小兰，虽然大学毕业后在都市里有一个稳定的工作，但却一直无法适应那种快节奏且远离亲人的都市生活，再三考虑后她毅然回到家乡，当了一名平凡的中学老师。小兰一心扑在工作上，兢兢业业、诲人不倦，一转眼，自己竟早已过了该谈婚论嫁的年纪。和很多大龄青年一样，在忙碌之余，闲暇之间，她总会身陷于亲朋好友关于她个人问题的热心询问之中。

有一次，通过一名热心亲友的介绍，她和一名男士互留了电话，联系了一段时间后，两人约在一家茶座里见面了。

在电话中感觉对方还不错的小兰，很意外地发现男人的穿着打扮非常随意，甚至有点邋遢——衣领已经不太干净的衬衫，配上很随意的休闲外套，下身是一条皱皱巴巴的休闲裤，脚上竟是一双凉拖！从这么随意的穿着上，明显能够看出男人对这次相亲抱着成不成都无所谓的态度，小兰很想就此离去，但多年养成的涵养令她忍住了。而男人接下来的一个动作，简直令小兰忍无可忍——

他一言不发地把茶座提供的茶叶水倒掉，然后用几乎整壶开水反复冲洗原本就很干净的茶具，就在小兰忍不住要离去时，男人开口了："我最近工作特别忙，很久都没有休假了。昨天下班回家后家人问我有没有跟你联系，所以我就约你出来了……"

小兰再也受不了了，立刻站起身来，借词告别，男人没有做丝毫挽留。小兰恨不得压根就没接到男人的约会电话。结账时，小兰礼貌地说："请让我来！"谁知他一声不吭，"唰"地抽出钱来递给服务员。小兰愣了愣，头也不回地离开了。

小兰觉得自己在这次相亲中受到了很大的伤害，她的真诚、她的期待，被一个抱着"无所谓"态度的人狠狠地践踏了。后来很长一段时间，小兰想起这次相亲见面就觉得有点反胃。

每次相亲都是一次机遇，我们都应该应认真对待。千万不要抱着"无所谓"的态度去相亲，须知，对别人的认真，就是对自己幸福的认真。

28岁的夏勤是一所警察学校计算机系的老师，单身。因受不了家人的催婚压力，他四处要求朋友们给他张罗一个对象。

这天，夏勤的朋友告诉他，终于替他物色到一个不错的女孩子，是一家医院的护士，各方面条件均不错。对方也知道了夏勤的条件，觉得可以见面谈谈。听闻此言，夏勤乐不可支。随后，朋友将女孩的电话告诉给了他，让他自己去安排约会。两人的第一次约会很是顺畅。

可接下来，夏勤的表现却让人大跌眼镜——因为忙着看世界杯，夏勤将女孩儿抛到了脑后，约会的事情一拖再拖。好不容易在星期五早上与女孩约定当天晚上一起吃饭的，可临到下班，有球友喊"下班一起看球"，夏勤立即将早上的约会忘得光光的，马上答应了球友的邀约。

不久，夏勤接到了朋友愤怒的电话："你也太不尊重我了，好不容易给你介绍一个很靠谱的，你还让人家女孩坐冷板凳！"原来，女孩见夏勤不是不理自己，就是好不容易约会了又临时爽约，因此认定对方毫无诚意，这才打电话给介绍人，说与夏勤已经没有继续发展下去的必要了。

这世界上真有甜蜜的爱情，也真有美满的婚姻，很多人不相信，是因为他们还没有遇到！其实谁都想遇到合适的人，组建一个幸福的家庭。如果你一直在相亲、在挑剔，为的也是这个结果吧！你也许不知道自己的缘分会在何时出现，但是你一定要坚持，时候到了总会有的。所以，在经历人生中的每次机遇时，你都要认真对待，不能抱着见不见无所谓，成不成没关系的态度相亲，否则，说你在害人害己都不为过。

1.“相亲”千万不能以第一印象取人

有次相亲，吴小姐便犯了第一印象取人的错。那位先生个子不高，也不太健谈，因而吴小姐对他的第一印象很不好，还没聊几句，她就找了个借口闪人了。事后，介绍人一个劲儿地抱怨吴小姐不懂事，说那位先生事业成功且脾气特别好，除去身高与谈吐，在其他各个方面都出类拔萃。

吴小姐原本事后就为自己的冲动行事感到有些懊悔，听到介绍人的埋怨，心里就更不是滋味了。但事到如今又能怎么办呢，只图一时痛快，吴小姐很可能就这样错失了一段真爱。

一般来说，即使对方给你的第一印象不够好，你也应该耐住性子先聊聊天试试，不然，一时的冲动很可能会使你错过一些珍贵的缘分。“人不可貌相”，这是一句至理名言。既然你没有孙悟空的火眼金睛，那就别以为自己能一眼就发现对方的全部才华。多一点耐心，也许你得到的就是命中注定的良缘。

2. “相亲”一定要和对方交谈，别匆匆结束

要和对方进行积极的交流，时间可以控制在1个小时左右。“相亲”的时候不能为了展现自己的优点而故意做作，你一定要带着点自己的“本性”，在任何“相亲”的场合，千万别失掉自己的“本性”。当然，你也不能只听介绍人的一面之词，一定要有通过谈话了解对方情况，谈一些比较轻松的话题，双方坐在一起，至少要能营造出“谈话”的气氛。

3. 不要用周围人的成功去衡量对方的成就

“相亲”后如果觉得对方不错，一定不要用自己亲人的成功去衡量对方是否优秀，也不要大谈特谈自己在工作上是多么出类拔萃，因为每个人的境遇都不一样，你不能期待你的另一半具备了你周围人的所有优点，这是很不切合实际的。

总之，对于每次“相亲”，你都应该认真，因为，自己的那段缘分也许就藏在其中呢！虽然说缘份天定，但事在人为，只有好好把握每个机会才能抓住良缘。

真心诚意，才能找到幸福

“晚上有什么安排？”

“相亲去。”

我们可能经常能在朋友中间听到这样的对话，尤其是快下班的时候。

如今，抽个空闲去相亲已经在许多未婚男女中间悄悄流行起来。工作很忙、生活太宅，要邂逅幸福实在太难，理想的恋人不知身在何方。但是，如果换种心情，不再死等傻守，勇敢去相亲，你可能就会有很多很好的选择，也会有更多的机会能邂逅爱情、触摸幸福。

有一位资深相亲前辈这样说：“有人帮你物色，帮你筛选再安排你们见面，你无非就是去赴个约，反正平时在家也是闲着，出去跟人聊个天也好。谈着谈着，说不定就谈出火花来了。”前辈的话，的确很中肯啊!

确实，相亲是现代社会最高效的速配方式了，形单影只的你，为什么不去试试呢?

不过，相亲是涉及到感情婚恋的大事，你必须怀抱真心去对待，真心相亲，非诚勿扰，这样才能早日找到另一半。不管是你，还是对方，都应该坦诚以对，真心相待，否则，对彼此而言都是在浪费时间。

她条件不错，工作稳定，父母都在事业单位上班，只是她的感情一直不顺，大学毕业就在父母的唠叨下开始相亲了。刚开始相亲的时候她总是很挑剔，心里也很排斥相亲这种处理终身大事的方式。不过随着年龄的增长，自己急，家人也急，她也就慢慢认可了相亲这种方式了。

前后相亲两年多，也见过很多条件不错的男士了，可由于各种原因，她都没看上。期间与一名男士交往时间较长，彼此联系有几个星期吧，不过那是她做给家人看的，她自己很讨厌那个男士。因为她并不上心，所以她感觉两人相处起来要多尴尬有多尴尬。但是落花无意，流水有情——那名男士一直没搞清楚状况，以为她是真心的，就显得特别热心，最后她实在是过意不去，把自己的想法和盘托出，男士受了刺激，大发一通脾气之后离开了，两人就此结束。

她被男士训斥后，心里很委屈，不过等平静下来后，她不禁问自己："我这是在做什么？明明对人家没有意思，却还一直拖着不放手，一切委屈都是自找的。"

她回想两年间所有的相亲，其实也遇见过很多不错的男士，但她太挑剔了，不是嫌弃这个人的头发长了点，就是不满那个人的个子矮了点，或者讨厌另一个人稍微有点皱的衬衣，等等。在她看来，以上问题足可以作为pass掉对方的依据。她分析了一下，多次相亲不成，其实多半都是由于自己的不认真、不诚恳造成的。

相亲就要真心，如果心里抵触相亲，或者相亲只是为了给自己的父母做做样子，那相亲肯定很难成功，不但浪费对方的时间，也浪费自己的时间。

因此，我们慎重地提醒大家：真心相亲，才会遇到幸福。

上文那位女士在想通之后，就开始慎重对待相亲了，很快，她就遇到了幸福。

这次相亲是邻居介绍的，两人第一次见面就是在邻居家里，他是自己一个人来的，她由妈妈陪着。几个人一起坐着聊天，她不说话，暗暗打量他，对他的长相谈吐都比较满意。

两人出去散步，她穿的是高跟鞋，要回家换鞋子，他在楼下等她。她换了鞋子又换衣服。下去的时候，时间已经过去很久了，不过他没有表现出丝毫不耐烦，后来他告诉她："当时看你换了衣服下来，我觉得你很在意我，所以心里很开心。"

两人边走边聊，竟然没有冷场，一起吃了饭，他送她回家。他向她要了手机和QQ号码。

他说："休息的时候给你打电话。"

她开玩笑："你上班的时候也可以给我打啊！"

就这样，第一次见面效果很好，然后两人开始频繁的见面，有时候隔天见面，有时候接连好几天见面，下班后一起吃饭，逛街，累了，他就送她回家，然后他再自己回家。

每次吃饭，他都是殷勤备至，她感受到了他的风度和真心。后来，他们跟朋友一起唱卡拉OK，他唱了"今生共相伴"送给她，她当时很开心。包房空间比较小，音乐声音很大，说话要坐得近才能听到，两人坐得很近，她突然之间就感觉到了心跳的感觉，她感觉到爱情降临到自己身边了。

两人相处一个月了，都还没有拉过手。她暗示他，让他多听听《一二三木头人》这首歌，因为里面有几句歌词说"多希望你在下个路口，就会牵起我的手。"

"你说我算不算个木头人啊？"他突然问她。

她不好意思回答。

一次两人晚上坐着聊天，坐的时间太长，她腿麻了，站不起来，她伸出手去，要他拉她起来，他拉住她的手，就再也不松开了。

后来两人见了双方家长，很快就到谈婚论嫁的时候了。

如今，他们已经步入了婚姻的殿堂，生活很甜蜜温馨。在找到彼此之前，他相亲三十多次，她相亲四十多次。

相亲，一定要真心相对，非诚勿扰，上面故事中的男女主人公在找到彼此之前，都相亲过几十次，很难说其中一个合适的都没有，但为什么都没有成功呢？恐怕不是每次都很真诚吧!所谓精诚所至，金石为开，如果认真对待相亲，相信你很快就能找到另一半。

真心相亲，就能找到幸福，否则只能在相亲的路上不断错过好机会，不停地寻寻觅觅。

强扭的瓜不甜，相亲不能“一逃”了事

父母永远都在为我们操心，上学的时候操心学业，等到大学毕业工作稳定了，又要操心我们的终身大事了。

也许父母整天逼着你相亲，会令你反感，可是，千万不要应付，事关婚姻的终身大事，能应付得来吗？

应付的相亲没有结果，应付的婚姻也不会有幸福。在下面的故事里，她就吃到了自己种下的苦果。

亲戚朋友家的表哥表姐堂哥堂姐都结婚了，只剩下她一个单身，所以全家人的心思都放在她身上，四处打听合适的人选，逼着她去相亲，她叫苦不迭，想起电视、小说里主人公被逼着去相亲的情节，感同身受。

其中最热心的要算她奶奶了，前期先介绍了两个，都被她应付推掉了，可奶奶不甘心，费尽心思又给她找了第三个，这次奶奶汲取了教

训，事先知会了她爸爸，一家人合伙劝解，她受不了全家人的狂轰滥炸，答应去相亲。奶奶高兴得不得了，和对方约定，第二天去男方家里相亲。

她心里极不愿意，决定借这次相亲的机会彻底打消奶奶的念头。

第二天一大早，奶奶和爸爸就兴高采烈地带着她去男方家里相亲。敲门进去，一屋子的人，全是男方的父母和其他亲戚，她扫视一圈，没有发现青年男子的身影，原来男主角不在。

“他昨天接到电话，有急事，今早开车出去了。”男方父母说。

她郁闷至极，一个人面对一屋子的目光和询问，她极为不情愿，心里很委屈，十分钟后，她爸爸出来打圆场，说：“既然人不在，那就改天再约时间吧。”

出了家门，她觉得很丢面子，一路无语。几天后，介绍人来到他家，说男方家里对她很满意，把男的电话号码给她，让两人自己联系。她很气愤，凭什么要我打给他？我又不是嫁不出去。介绍人一走，她就把电话号码扔掉了。

后来，她才听说，原来那位男青年也是很反对家人安排的相亲，所以见面那天是找了个借口溜掉的。介绍人知道后，也对男青年的做法感到非常不满。而她反而有些释怀了，她能体会到那种被家人逼迫相亲的无奈与彷徨。

其实，男青年选择了错误的处理方式，那就是临阵脱逃。这样鲁莽的处理方式，不仅可能会令自己错失一段美好的姻缘，也会给对方带来伤害。既然不能一逃了事，那么，应付相亲，是不是也可以呢？

她是高级白领，已经30多岁了，但她喜欢说自己‘快奔三’了，或许这样的说法可以让自己在心理上稍有安慰。

她在一家小公司做经理，身材高挑，人也漂亮，工资不菲。生活简单，白天坐办公室，晚上出入酒吧，很有小资情调，外人看起来很风光，可内中的苦楚和寂寞，只有她自己知道。

下班后去酒吧，那是因为她不想面对冷冷清清的家，她害怕一个人，可是偌大的房间里，一点温暖也没有，所以除了休息，她都尽量在外面度过。

很多同事都结婚了，不少人还有了孩子，工作中听到同事和老公温馨的交谈，她心里很不是滋味，又羡慕又嫉妒。她很想早日找到另一半，可以撒娇，可以营造温馨的气氛，可以让她喜欢在家里呆着。

她是工作狂，以前不在意，一心工作，现在30多了，再去寻找幸福，突然发现自己的选择余地真小，慢慢的，她都把寂寞和一个人的感觉当成天经地义，其实，她心里最清楚，这里面充满了无奈。

她一个人久了，家长父母都急坏了，四处为她挑选，可她就是反感，不想去相亲。她就这样，一面想找到另一半，一面拒绝相亲，一个人孤独地生活着。

父母变着花样让她去相亲，她却选择了应付，见面，一起吃饭，交换联系方式，然后byebye，再也不联系。

她不想要幸福吗？当然不是，只不过她对相亲应付，如果用应付的心态去面对相亲，很难找到幸福，即使找到幸福，只怕也是暂时的幸福。

在这个世界上谁最关心自己呢？当然是父母，父母是我们在这个世界上最亲密的人，是最爱我们的人，对于父母的苦心，我们应该理解，而不应该应付父母，甚至抵触父母。

相亲，对很多“忙人”来说，是解决终身大事找到幸福的最好途径，不管是被逼，还是被父母强扭着去相亲，面对幸福，都不能应付。

有一个美容师，自身条件很好，可是一直沉浸在失恋的痛苦中，始终不肯打开心扉，转眼成了剩女，虽然有车有房，可是时间一长，一个人的日子，让她感觉身心疲惫，过得很辛苦。

她妈妈很着急，总是催她去相亲，早点找到好的对象，早日结婚，长久下来，她都有些烦了，为了避开妈妈，她选择不回家，妈妈没办法，来到她身边监督她相亲，当然，妈妈是以养老的名义过来的。

妈妈努力给她找对象，让她去相亲。她拗不过，违心去相亲，吃饭聊天，看电影，永远都是一副冷漠事不关己的样子，让男方很难看到诚意。非诚勿扰，应付相亲当然没有结果。

她说："我不会再相信男人了，都是骗子，我妈妈也真是的，我对她真无奈。"

试问，这样做有任何好处吗？难道等到四五十岁再去相亲吗？很多时候，还是应该多听听父母的意见，理解父母的苦心，毕竟父母见多识广，对感情和婚姻幸福都有自己的见解的。

有一个人说的很直接，他说："自己的事情应该自己搞定，既然自己搞不定，父母插手也是应该的。让父母操心本来就不对了，反感父母就更不对了。如果谁真的看破红尘，觉得一个人生活一辈子很好，那就别抱怨寂寞孤独，真看破红尘，自己去出家，那谁也拦不住。"

每个人都想找到幸福，这是肯定的，不管是被父母逼迫还是强扭，既然来相亲了，就要真心相亲，不能应付，因为终身幸福是应付不来的。

放下矜持，让我们去相亲吧

一天，跟一个单身的朋友聊天，说起相亲的话题，我就问他："你为什么不去相亲呢？整天上班，不相亲没机会遇到合适的女孩子啊。"

他摇摇头，告诉我说："其实我也为这事烦着呢，自己也想去相亲，可是心里总是有些障碍，在我的心里，相亲是那些没能力的人做的事情，害怕丢面子，要是被同事知道了，就太丢面子了。"

其实，跟我朋友有相同心理的人还真不少，他们都对相亲怀有偏见。

如果说，你是在寻找幸福，寻找真爱，寻找适合自己的另一半，相信你能坦诚地说出来。那么，为什么要你用另一种方法表达，说你在相亲，你就会不好意思了呢。其实这很不应该，因为相亲就是在寻找幸福、寻找真爱、寻找适合自己的另一半，而寻找幸福、寻找真爱、寻找另一半完全没必要不好意思，相反，要勇敢大胆地去相亲。

如果说曾经相爱的恋人因为前途工作等各种原因离开了你，你不想再对别人敞开心扉，慢慢发现原来自己挥霍掉了很多时间，青春不能继续挥霍了，工作太忙，父母在催，相亲是最好的选择，那就坦然面对吧。

他向来有自己的看法，尤其对婚恋很谨慎，他觉得，随便娶妻不如不娶，即使单身，也不能勉强随便。他曾经以为相爱就能结婚，然后幸福地在一起，可事实让他很无奈。

除了初恋，他谈过两次恋爱。一次是跟单位的同事。两人爱得死去活来，他很满意对方，经常带她去家里吃饭，父母也满意，他觉得时机成熟了，找了个机会向她求婚，她迟疑了一会儿，告诉他："婚姻大事，还是让我好好考虑考虑吧。"

他隐约觉得有些不对劲，不过他没有多想。自他求婚后，她就渐渐疏远他，他发短信打电话，她最后给他回了一条信息："我年纪还小，我们不合适，我们分手吧。"

他尽力挽回，但以失败告终，无奈之下两人分手了。

之后，他又谈了一次恋爱，她是他同学的妹妹，人很漂亮，性格也乖巧，两人交往了一年，相处还算愉快，等到他提起结婚时，她却悄悄溜走了，她有恐婚症。

他已经三十多了，虽然自己条件不错，但是心里很为婚姻的事情着急。父母也为他着急，到处托人介绍，他开始相亲了。

他前后相亲七次，前几次都没有合适的。

第一次是一位私企员工，沉默寡言，两人一起吃了饭，没说几句话，饭还没有吃完，他就打定主意要pass了。他的想法是，现在的工作压力很大，要找一个活泼一点的女孩，这样才能让家里显得温馨有气氛。

第二次相亲，对方是一个美女，身材气质兼备，在外企上班，开始印象不错，两人一起吃饭，美女的话题不离时尚八卦，他感到索然无味，由于彼此兴趣不合，饭后两人再没有联系。

第三次相亲，女方的品行很好，虽然外表不是特别漂亮，可他却很有感觉，唯一的瑕疵是女生牙齿不够整齐，他总觉得美中不足，于是也放弃了。

第四次相亲，她是幼儿教育工作者，人很乐观，活泼可爱，只是太矮了，他想到以后孩子的身高恐怕会受影响，心里就不愿意了。

第五次相亲，女的家庭背景好，有钱有地位，如果双方结婚，肯定对他的事业很有帮助，可是女的皮肤太黑，身材又胖，他总觉得接受不了。

第六次相亲，碰到了一位海归，对方很有女人味，气质又好，只是浑身穿满了名牌，联想到自己的工资水平，他摇摇头，告诉自己消费差异太大。

一连相亲六次，他总结了一下自己的得失，开始再度相亲。第七次，他终于成功了。

她是亲戚介绍的，相亲前，他仔细分析了双方的优缺点，相亲的过程也很顺利，两人交谈很愉快。很快，他们就确立了恋爱关系，在深入的交往中，他又发现了她更多的优点，比如会关心人，还很尊敬长辈，他确定他找到了合适的人，两人很快领了结婚证，搬进新家，开始了新生活。婚后的生活他很满意。

在通往幸福的路上，需要不断地努力，一次不成，就需要更多次。

有的人喜欢浪漫，他们觉得相亲的方式很不浪漫，其实浪漫与否，与相亲无关，而在相亲者自己，相亲负责制造邂逅，浪漫与否，都要靠相亲者自己去掌控。

如果你还是单身，那就坦然地去相亲吧！窝在家里宅男宅女，走出家门，勇敢去相亲吧，其实幸福离你并不遥远！

第三章

不打无准备之仗，有效提高相亲成功率

相亲要非诚勿扰，诚在哪里？诚在诚意，诚在尊重！

人与人之间交流交往的最基本原则是尊重，随便就是不尊重，凑合是不尊重，随性是不尊重，口无遮拦也是不尊重……没有尊重，就没有诚意；没有尊重，就难以成功！

人分内外，有内在和外在，尊重也要有内有外，有内有外才有形象，才有诚意，才有相亲的成功。

随便应付得不来幸福，相亲也需要经营，士为知己者死，女为悦己者容，相亲要精容，相亲要精心，不口无遮拦，不随性随便，在相亲的时候，做最好的自己！

精心相亲，展示最好的形象！

凑合相亲，害人害己

相亲，是在相一辈子的幸福，在解决自己的终身大事，在选择和自己同床共枕的另一半，容不得随随便便，相亲不能凑合着随便了事。

在相亲中，不管是你，还是对方，只要有一方随便凑合，相亲都很难成功，即使相亲成功，以后也很难走入结婚殿堂。随便、凑合，代表了你相亲态度的不真诚。

在下面的故事中，她就遇到了一个“凑合男”。

她一直忙于工作，无暇顾及感情问题和终身大事，成了大龄剩女。经不住妈妈的催促，她去婚介所报了名，没过两天，她就接到了婚介所的电话，婚介的阿姨告诉她说："好消息，有一位优秀的男士，希望约你见面。"

双方约在晚上七点，在一家肯德基门口见面。见面后，她开始细细打量对方，他大概1米75左右，面容俊朗，只是有些老了，她想，要是年轻10岁，他肯定是万人迷了，只是不明白他长的这么帅，怎么现在依旧是单身呢？

她继续打量他——笑容迷人，牙齿洁白，很有男人味，然而他一身休闲打扮，T恤短裤，脚上穿了双拖鞋。"这也太随便了吧，根本没把相亲当一回事。"她心里有些不满。

他憨憨地笑了笑，说："看不出来，你还挺胖的呢。"

这样一句话，不假思索的从他嘴里冒出来，让她停止了胡思乱想，她对他的直言很不满，不过没有在脸上表现出来。

她想接话，可不知道怎么说。

他看着她，继续说道："你28了吧，我36了，我看我们岁数都挺大的了，就凑合凑合吧。人一辈子也就那么回事。"

"凑合凑合？本姑娘来相亲可不是为了凑合凑合，本姑娘可是来找幸福的。"心里想着，她气不打一处来。由于没吃晚饭，本来已经饿了，但被他这两句话一气，她顿时觉得胃里堵得慌。

他没有问她要不要吃点东西，就提议说："我们去溜达溜达吧，在这里坐着太无聊了。"

她这才想起来自己还没吃饭呢，不过也不好意思提起，就随着他出了肯德基的大门，谁知一出门他就说："我家就在楼上，刚才下来的时候我已经吃过饭了，你要吃点东西吗？"

她嘴上说："没事，我不想吃。"心里却更郁闷了：早不说晚不说，走出肯德基才说吃东西，这不是忽悠人吗？

他在前面走着，大步流星，她跟在后面，饿着肚子，穿着高跟鞋脚也疼了起来，渐渐地她走不动了，他回过头，看到她委屈的样子，这才想起应该关心体贴一下她："要不，我们坐坐吧？"

还没等她回答，他就直接走到马路边上，一屁股坐在了马路牙子上，她走过去，站也不是坐也不是，这时，他又开始讲述"凑合凑合"

的话题了。

她再也受不了了，决绝地说："我的确挺胖的，但是目前还不想凑合。如果你真的想尽快找到一个合适的女人结婚，那么希望你能学着考虑一下别人的感受。对不起，我觉得我们不适合。"说完，她头也不回地走了。

她饿着肚子打车回到家，开门第一句话就是："妈，我饿。"没等妈妈把饭端上来，她就掏出手机把他的号码删除了。过了几个月，她竟然又收到了他的信息："你现在有对象吗，如果没有，我们能凑合一下吗？"

她简直哭笑不得，立刻删掉短信然后关机。她对这次相亲极不满意，找到婚介所投诉，婚介所的阿姨说："这么帅的一个人，在好几个婚介所都报名了，外形不错，条件也很好，可就是成不了，到底为什么呢？"

她告诉婚介所的阿姨："相亲能凑合吗？按照这种凑合法，即使帅得像贝克汉姆，也没一个女人愿意嫁给他！"

面对感情问题和终身大事，怎么能凑合呢？凑合能让一个大帅哥变成剩男，也能让美女嫁不出去，因为凑合等于随便，等于无所谓，等于谁都可以。但事实是，婚姻这样的大事，随便找个人就可以吗？即使你愿意，人家愿意吗？凑合，不但对自己不负责，对对方也不负责，而且下一代也是不负责的，凑合会酿成婚姻和家庭的大悲剧。

如果要凑合，或者随便，那根本就不用相亲，也不用寻找。因为随便凑合根本没有幸福可言，只能收获后悔的苦果。

她的婚事家里催得很紧，因为家乡人们普遍结婚都很早，其实她也想早点结婚，可是一直以来却始终都没有遇到合适的他，她心里也很着急，接连相亲几次，都以失败告终，于是她降低了要求，只要不讨厌，两人就结婚算了，一方面可以了却家里父母的心愿，一方面自己也不用再为婚事烦恼了。

正好，亲戚介绍了一个对象，两人见面聊了聊，没聊几句，她就告诉他："如果你觉得没有什么不合适的话，我们就结婚吧。"

他愣了一下，点点头。两人很快就订了婚，眼看就要结婚了，她的心里却不能平静下来，彻夜失眠，不停地问自己，难道我真要嫁给这个男人吗？

她问了自己很多遍，每次得到的答案都是否定的，她为自己的随便反悔了，主动解除了婚约，重新开始精心挑选自己的另一半。

其实，她有恐婚倾向，她恐婚是因为没有遇到合适的人，她解除婚约是因为在最后关头，她意识到了一个真理：幸福不能随便，婚姻不能随便。

很多人在选择自己另一半的时候，都会说"宁缺毋滥"，其实，"宁缺毋滥"的意思就是不能随随便便，要精挑细选，不管是不是剩男剩女，在相亲的时候，都不能随随便便做出选择，因为相亲涉及到终身大事，随便选择，图一时省事，耽误的却将是一生的幸福。

相亲的态度不能凑合，相亲时双方的仪表同样不能凑合。不论男女，相亲之前，都请精心打扮一下自己。

在江苏卫视的相亲节目《非诚勿扰》里面，男嘉宾跟女嘉宾有下面这样一组对话：

男嘉宾："我今天过来，其实没有花太多心思打扮，我比较崇尚自然美。"

女嘉宾很不屑："我希望导播能给我们放一首《解脱》，然后让他下去算了。"

相亲的最大原则是非诚勿扰，非诚勿扰中的"诚"说的是诚意，代表的是一种渴望相遇幸福、相中另一半的态度，要让未来的另一半感受到尊重，感受到信赖和信任。

分析一下上面男嘉宾说的话，"崇尚自然美"，如果崇尚自然，完全可以赤裸裸地坦诚相见，连衣服也不用穿了，这样说当然有些极端，可道理就是这样，任何事情都有限度，尤其是相亲，至少要让对方感受到尊重和诚意，如果感受不到，不出三秒钟，相亲的结果就会出现在对方的心里，两个字：pass！next！

爱美之心，人皆有之，相亲男女重视外表，这是无可厚非的。尤其男人大多是视觉动物，如果相亲时女人不精心装扮一番，肯定会让相亲的男士失望，相亲的结果就不会太好。男人如此，女人也一样，对男人的容貌同样挑剔，即使不挑剔，也对男人的干净度和整洁度有较高的要求。

从容貌上来说，一般要注意头发和脸部，头发要干净柔顺，不能乱糟糟、脏兮兮，像鸟巢一样，这样肯定在相亲时难以通过。脸部也非常重要，皮肤好看起来整个人也显得健康，最重要的是脸上要干净，不能泛油光。还有一些小细节一定要注意，那就是注意修剪鼻毛，不能让鼻毛外露，鼻孔里更不能有脏东西，指甲要注意修剪，即使不修剪，那也要清洁干净，指甲里不能有污垢，如果让对方看到，会觉得很恶心。

相亲时不但要注意容貌，更要注意穿着搭配，人各不同，每个人都有适合自己的搭配，这里主要讲一些相亲时穿衣搭配应该避免的硬伤。

对女生来说，以下几个要点是相亲时着装的大忌，会严重降低一见钟情的概率，要尽量避免：

1. 不能太花哨

打扮得像一只花蝴蝶一样让人眼花缭乱，让人招架不及，如果再加上扑鼻的香水味，相亲就变成看秀了，男士肯定会对你退避三舍。

2. 不能太暴露

很多人以为性感就是暴露，其实往往最性感的女人往往不会穿太暴露的衣服，暴露只会显得自己廉价低俗。如果要展示自己的好身材给对方，那也不用急着在前几次相亲就展示出来，先相中人品再说。

3. 不能太隆重

相亲需要的是轻松，能让双方都敞开心扉去交谈，倾心交流，如果穿得太隆重，像出席新闻发布会或者大型酒会，那无疑是在给自己的相亲设置障碍，会让双方都觉得尴尬，不能畅所欲言，交流不好，相亲成功率肯定会降低。

4. 少用浅粉红、浅蓝等可爱的色调

年轻的女士穿此类色调的服装，虽然是可爱，但却无法免除天真幼稚的小女孩形象。这对相亲，而且想结婚的女性，是不太适当的。

关于女士穿着搭配，在电影《非诚勿扰》里面，有很多好榜样可以学习，例如让葛优“一见就挺钟情”的梁笑笑，穿的是白色V领衬衣加黑色铅笔裙，典型的都市白领女子装扮，干练清爽，又带点恰如其分的风情。徐若瑄的打扮则是另外一种风格：温柔婉约。裸妆使脸部看起来非常自然健康；服装上雪纺质地飘逸柔软，很有女人味；白色通常是不会出错的颜色，干净、纯洁、柔美，在影片中也格外衬女主角的肤色与气质；整体款式简洁不繁琐，大荷叶边领口、细蕾丝花边袖口则适当地增加细腻度与婉约感。珍珠项链款式休闲而低调，既是精致的点缀，也避免了大面积裸露颈部肌肤造成太性感的印象。

如果说《非诚勿扰》里面舒淇和徐若瑄的穿着是榜样，那电影《绿茶》中赵薇的穿着就是失败的典型，要尽量避免。在电影《绿茶》里面，赵薇扮演的吴芳是位文科女硕士，相亲时，她没有突出自己的性格、爱好和生活态度，却用拘谨的发型、黑框眼睛、刻板的套装和沉闷的色彩把自己生生塑造成了一个索然无味、令人望而却步的老学究。这个形象，相信会令很多男性都在心里暗叹：难怪嫁不出去。对像电影中吴芳这种比较职业正统的女性来说，建议穿休闲款的上衣、牛仔裤和球鞋来改变自己呆板的形象。

形象专家卢芳建议，女士在相亲时，要尽量表现出成熟的气质，因为相亲成功，就意味着自己要做妻子了。卢芳女士给出的搭配是小外套加裙装，不但能使穿着者恰当地表现出自己的女性魅力，还能表现出女性成熟的韵味，此外，还可以以简单裙装搭配内里绑蝴蝶结衬衫，这类性质的服装，穿在相亲的场合上，朴素淡雅，有一股吸引人的气质，有助于提高相亲成功率。

相比女士的穿衣选择，男士就简单多了，除了在整体上表现的整洁大方之外，只需要注意以下几点：

1. 颜色不要太深

黑色、深灰色这些颜色并不是说不能用，但是请尽量增加一些亮点和变化，例如一些配饰。这是最能体现品位与追求的地方，也让你增加亲近感。

2. 样式不要太死板

西装、衬衣、领带、领带夹全副武装，这在工作场合显得统一，在相亲时就显得呆板压抑了，相亲的气氛应当轻松亲切才好。

3. 着装不要太前卫

个性不是什么坏事情，但急不可耐地表现个性却是不成熟的小孩子爱干的事情。所以破烂牛仔裤、过膝的大T恤在相亲时最好不要出现。

精心准备，增加成功概率

相亲就像考试，参加考试都是要经过复习的，复习不充分，准备不足，考试往往都会失败，成绩会很差。

相亲也一样，如果不做准备，很随性的像平常逛街一样，相亲的结果就可想而知了。

他已经有过6次相亲经历了，都没有遇到合适的。随着工作的调动，他马上就要调到深圳去工作了。一个邻居阿姨听说他要调到深圳，开心得不得了，原来阿姨的女儿在深圳上班，也是单身，两家的父母先接触了一下，觉得双方挺合拍的，有意让两人相亲，先接触一下。

两人先在网上聊天，彼此感觉很投机，也交换了照片，对长相都还满意。

他刚到深圳，本来准备和她见面的，但还没来得及见面，公司就派他到北京培训了，无缘见面，两人继续在网络上发展情缘，虽然身处两地，心中却牵挂着彼此，聊天也很开心，每天都聊很久，就等着早日见面了。

年底了，培训结束，他回到深圳，两人约定时间见面，这时距离两人聊天已经有半年了，对对方也算知根知底，至少他心里是很期待的。

阳光灿烂，虽然是冬天，但深圳街头还是暖洋洋的，他洗了澡，穿戴整齐，看着镜子里的自己，检查了好几遍，这才满意地出门，到约定的地点见面。

等了没多久，他就看到了她，心里的顿时一落千丈，只能用两个字形容，那就是失望。倒不是长相或者身材不符合他的要求，而是穿着打扮。

他对女人的长相要求其实不高，但他从来都喜欢会打扮的女孩子，至少平时不能随随便便，而且，女为悦己者容，如果随随便便就出来相亲，那对自己就太不尊重了。他在和她网聊的时候，其实早就透露过，可她还是随随便便的来见面了。

她穿的是厚底的高跟鞋，极其宽松的裤子，大外套里面的T恤衫上印着超大的卡通图案，他打量一番后，彻底失望了，一点兴趣也提不起来，一点相亲的感觉都没有了。

两人一起吃了饭，然后她提议去爬山，他很客气地陪她爬山。但失望让他沉默了，两人一点都没有网聊时的默契，就像梦游一样，他找不到一点感觉，爬山完毕，他送她到公交车站。车开出后，他发了一个祝福短信，一切都结束了，两人再也没有联系过。

其实，双方都很失望。他失望是因为她的随便，她失望是因为他的冷漠，半年时间网聊建立起来的默契和好感，都被见面时随意的穿着给破坏了，而她还不知道原因。

如果见面时，她精心挑选一下衣服，穿得稍微正式一点，那结果肯定会不一样。两人在网络上相知半年，对彼此的想法看法都很了解，算得上有默契，彼此都有找到对方的感觉，半年培养起来的融洽感觉被一次随性的穿着给破坏了，可见，随性的破坏力是超级强大的。

再举一个例子，比如你去超市买电池，你明明知道要精挑细选，可到了超市，你随随便便拿了一块电池就结账了，完全是图省事，等回到家里，出问题了，比如电池型号不对，这时候你才会后悔当时在超市的随便态度。电池可以再去买，可是在相亲的时候，合适的对象并不是那么容易就能遇到的，因为随性导致相亲不成，尤其是遇到合适对象的时候，后悔都来不及。

她和父母一起在家里等对方来相亲。对方是一个在读博士，32岁，博士生的导师跟她爸爸是同事，她爸爸对博士生赞不绝口，非常满意，给的评语是：沉稳、可靠、有前途。

她不以为然，说："都32岁了还在读书，以后的事业发展会不会不太好啊？"

听到她不满自己相中的未来女婿，爸爸立马批判她："我看你的价值观有问题，看人太短视、没有长远眼光。"

但是她虽然嘴上挑剔，其实心里对博士到访是很期待的。

博士和导师到了，双方互相介绍后坐下聊天。她坐在一边细细打量博士，他穿了件深蓝色的呢子外套，里面还套了厚毛衣和秋衣，把衣服撑得鼓鼓囊囊。博士长得老实憨厚，刚开始，她没有什么不满意的。

博士比较沉默，只有她爸爸跟博士导师在说话。客厅里很热，博士穿得太多，一会儿实在热得不行了，把毛衣和呢子外套都脱掉，但里面的秋衣又很旧，博士就像战争年代的老革命一样把厚外套披在肩膀上，样子显得很滑稽。

尴尬，尴尬，尴尬。

客厅的空气沉闷，就像凝固了一样，博士是主角，但他只顾着跟温度抵抗，忘了自己来的目的是相亲了。导师受不了了，带着博士赶忙离开，她和家人这才松了一口气。

本来是很有希望的相亲，却因为随便穿衣，搞得自己很拘束，导致相亲时形象受损，太可惜了。

相亲绝对不能随随便便，很多相亲的感觉都是靠眼睛来培养的，这个不光包括长相外形，还包括穿衣。穿衣随性，打扮随便，长相再好，也难免被对方pass；相反，即使你长相一般，只要在相亲时不随性随便，懂得精心装扮自己，那相亲的成功率会大大增加。

他是一个优秀男人，因为工作的关系，周围都是四十岁左右的已婚女士，所以很难有机会接触到合适的对象，下班后的空余时间，一有机会他都奔走在相亲的路上，害怕一不小心变成大龄剩男。

他的朋友王小姐是一个结了婚的幸福女人，热衷于给朋友牵线当红娘，看他数次相亲却没有成果，于是想给他帮忙介绍对象。

王小姐问他："你期望的另一半是什么样子？跟我说说，我给你物色一个。"

他不假思索地说："我属于比较挑剔的，女人嘛，长相肯定很重要了；其次是感觉，如果没感觉，那条件再好也不适合。"

王小姐犯难了，这不是自找没趣吗？又要美女，又要感觉，自己上哪里去找啊？王小姐把自己周围单身的女性朋友挨个检视了一遍，发现没一个合适的，然后告诉他："你的要求太高，这个我得好好找找。"

王小姐骑虎难下，找不到合适的，想到自己主动请缨要给人家介绍对象，又不好意思说自己找不到，思前想后，介绍了一个自认为没希望的女孩给他，就当完成任务了，王小姐认为没希望，是因为女孩不算美女，姿色平庸。

王小姐从中牵线，他和女孩见面了。女孩很会穿衣服，当天穿了米色的裤子和白衬衣，外面罩了一件灰色的小开衫，两人见面了。结果是虽然对女孩的长相不是非常满意，可他却觉得对方看上去很舒服。

第一次见面效果很好，很快两人又约第二次见面。这次女孩新做了头发，换了一套很得体的衣服去赴约，两人相处得很愉快。

第一次他还觉得女孩长得有些不漂亮，可是到了第二次见面结束，他已经彻底改变了对她的看法，他觉得她既漂亮，又有气质。

一来二去，两人渐渐离不开对方了。两人正式进入恋爱阶段，双方都见了彼此的家长，准备择日成婚。

看他们两人成了，王小姐觉得很诧异，他对长相这么挑剔，怎么会选上她呢？王小姐想不明白，对他旁敲侧击，试探性地询问了一番，没说几句，王小姐就得出了结论：女人在相亲的时候穿什么特别重要，穿得随便，长相再好也要打折扣；如果穿衣服很会搭配，即使资色平庸，也可能会获得优秀男士的青睐！

吃饭时，这些细节一定要注意

约会时难免会吃饭，以下这些细节需要引起相亲双方，尤其是男士的注意：

1. 餐厅不一定要高档的，但一定要干净卫生，最好有几个招牌菜，就餐地点的交通要对女方比较方便。

2. 女生可以迟到，男生最好不要，以防万一，男生最好提前到。对于生意比较火的饭店，注意要提前预约桌位，不过最好选个比较安静的位置。

3. 饭前最好有礼物送给对方，这要根据你们的熟悉程度，需不需要准备玫瑰,请酌情考虑。玫瑰的数量不要太多或太少，九朵是不错的选择，如果不是太熟，就以后再送。

4. 衣着打扮，不要太另类也不要太正式，是不是新衣服倒是无所谓，但衣服一定要干净整洁，特别要注意领口和袖口，也不要浑身都是褶。如无特别的体味，则香水古龙水之类的就免了吧，很多女生可能会对香喷喷的男生有反感。

5. 言谈举止很重要。外在是内在的外延和表现，一定要自信，大方，对于男人，宁愿自负一点儿也千万不要自卑，唯唯喏喏的可不好。但也不要信口开河，别在聊天的时候吹牛。说话声音不要太小也不要过大。

6. 帮她开门，替她搬开椅子，点菜时先问她喜欢吃什么，不喜欢吃什么，有没有忌口，能不能吃辣，等等。两个人两菜一汤足矣，荤素搭配要恰当，菜不要点最贵的，不要点最便宜的，中间价位的就OK。太贵，你会有显摆及浪费之嫌；太便宜，会让女生觉得不够尊重她。其间最好有个她喜欢喝的汤，可以给你提供献殷勤的便利，因为替她夹菜就太过了，而帮她盛汤，你就有表现的机会，把汤碗放在离你近的地方，茶壶放在离你近的地方，看见她杯子里没水了要及时添加，不要把壶嘴儿对着她。

7. 最好聊一些开心的事情，说说健康的笑话是很好的选择，也可以追忆美好的大学时光，说这些比较会有共同语言。

8. 吃饭中间最好注意一下各种吃饭时的基本礼仪，如吃饭响声不要太大，不能当众剔牙，不能拿筷子指人，嘴里有菜就不要说话，等等。

9. 饭后买单，不管最后谁买单，男方最好都能主动。

10. 饭后要送她回家，晚上睡觉前，给她发条短信，祝她晚安，做个好梦。

注意形象，一定要表现得有修养

不管在什么场合，人的形象都极其重要，形象在极大程度上能影响别人对你的看法。形象代表着一个人的综合素质，是别人对你印象的总和，因此，在很多时候，形象代表了一个人。相亲中如果不注意形象，将会拉大自己和另一半之间的距离。

她和他初次相亲，初次见面，约在公园里，两人聊得很开心。准备吃饭时，他们找了一家饭店吃饭。他感觉到了她对自己的好感，吃了几口之后，就不再拘束了，话多了起来，她突然看到他的牙齿上沾了东西，想提醒他，他却说个没完，她完全插不上嘴。

两人吃完饭，她提醒他："你牙齿上沾了东西，我给你买瓶水漱漱口吧！"

他摇摇头，说："不用，这是小事一件。"他伸出舌头，在牙齿上来回擦拭一圈，把牙齿上的菜叶吞了，然后笑嘻嘻地对她张开嘴，问：“你看，干净了吗？”

她拿起包，说：“我突然想起来，等会还有件事，现在必须要走了。”她迅速离开，再也不想看到他了。他愣在原地，不知道自己哪里做错了。

众所周知，人的第一印象是至关重要的。相亲的时候要给对方留下好印象，就要注意塑造自己的好形象。

形象代表着一个人的综合素质，是别人对你形成印象的基础，因此，在很多时候，形象代表了一个人。你的形象影响着对方对你的印象，而对方对你的印象又影响着对你的态度和行为。

良好的形象是灿烂的阳光，是鲜艳的花朵，是魅力的风景，是温暖的春风，能把对方的目光、信赖、好感吸引到你的身上来。等对方觉得你有魅力、信赖你、对你有好感的时候，相亲还能不成功吗？

法国巴黎著名的形象设计师萨克拉斯说：“我们看到一个人，最初的印象从他的体貌服饰上获得，而对人物内在的素质美，要用时间来检验。所以从外表来看，体貌和服饰首先体现出一个人的美。”美国的一次形象调查表明，76%的人根据外表判断人，60%的人认为外表和服装反映了一个人的社会地位。

因此，外表和服饰对形象的影响是很大的。

相貌是天生的，难以改变。我们能做的，就是保持干净清洁，仪表修饰得体，这样既爱惜自己，也尊重对方。在相亲的时候，不会有人喜欢一个脏兮兮的相亲者。

俗话说人靠衣装，佛靠金装，就在说衣着打扮对人的重要性，良好形象的塑造离不开衣着打扮。衣着打扮一定要得体，但不必追求高端名牌，只要合适就好。合适的着装能够极大的提升你的形象。衣着不整的人，怎能得到异性的喜欢呢，相亲必然导致失败。

外表和服饰代表的是人的外部形象，是形成良好形象的基础，注意外表和服饰，往往能给人留下良好的第一印象。

但是，人不是只有外在的形象，尤其是在相亲的时候，因为如果相亲成功，两个人要生活一辈子，即使相貌标致，外在形象极好，但如果没有内在美，几十年的婚姻生活怎么相处呢？

内在美的表现首先应该是学识和谈吐。腹中空空的人是很难说出让人信服的话语的，而没有修养，气质不佳，就很难做到优雅。

姑姑给她介绍了对象，是一家外企的经理。双方约在一家咖啡馆门口见面，她先到了，打电话给他，他说马上下来，过了一会儿，他和妈妈一起从楼上下来了，她这才知道，原来他家就在咖啡馆楼上，不过她没在意。

他一身休闲装，穿着还算得体，只是不够礼貌，还没打招呼，就盯着她上下打量起来，打量完了才说："你好。"

她客气地微笑，心里盘算着一会儿两人说什么话题。

他转身大声说："妈，上楼去把我钱包拿下来。"

她想："对妈妈都这样，以后结婚了还不知道对我会怎么样凶呢？钱包也不带，真小气，斤斤计较的男人。"

她不想继续接触了，不过他坚持请她吃晚餐，她想："那好，就再接触接触吧，说不定能让我看到他一些潜在的品质呢。"

他打车，两人去了很远的地方吃晚餐。走进餐厅，他没问她要吃什么，自己就去柜台要了一大堆东西，边吃边说："这家餐厅用的原料就是我公司提供的，我经常来这吃，以检验原料的质量。"

她不知道怎么接话了。

吃完饭，他说："下星期六你有空吗，我们再见面吧。"

她不想当面拒绝："好啊。"

他又说："对了，你对婚前同居现象怎么看？"

她回答："别人怎么做我都能理解和尊重，但是我本人坚决不赞同。"

他说："哦，想起来了，下周六我出差。我们还是别见了。"

她对他表现大为不满，此时终于忍不住了，她说："哦，原来你相亲就是为了婚前同居啊？那我们还是不要再见了。"说完起身离去。

在她的眼里，他的形象可谓是极为糟糕，不但斤斤计较，还很随便，一切都没定呢，就说到婚前同居上了，这样的形象，很难在相亲的时候赢得女性的青睐。

要有好形象，就要有好的习惯，有了好的习惯，时时处处都能维护自己的良好形象。如果坏习惯多多，那就要尽力改掉，比如你有随地吐痰或者乱扔垃圾的习惯，在相亲中这些是会扣分的行为，很会招致对方的反感。

形象也包括精神状态，精神状态的直接体现是脸上的表情。假如你心里不高兴，你也不要让自己的脸上表现出"扭曲"，你需要强迫自己改变自己的脸面。你要时刻提醒自己千万不要把痛苦写在脸上，你可以自己找一些高兴的事情去做，用这种方法控制自己。

美国著名的心理学家、哈佛大学教授詹姆斯说过："似乎行动随感情而生，其实行动和感情是互相联系的。在很大程度上，控制行动的是意志而不是感情，我们可以间接地调节非意志决定的感情。那么，为使人感到精神振作，你必须表现出精神振作的样子。"

人都喜欢乐观开朗的人，尤其是相亲的时候，谁愿意跟一个满脸悲苦的人共度一生呢？精神状态在很多时候甚至是至关重要的，乐观的人能在自身周围形成强大的磁场，吸引别人去关注自己。让对方关注自己，这在相亲中也是非常重要的。

形象是要精心维护的，如果不注意形象，相亲当然很难成功。因为未来的另一半希望从你身上看到的是源源不断的优点，而不是层出不穷的缺点，如果不注意形象，就是把自己层出不穷的缺点源源不断地展现给对方看，对方看到的形象全部都是负面的，如果只见面几次，就让对方看到太多的缺点，那结婚后生活一辈子，岂不是要被你的缺点给淹没了？考虑到这点，谁都不会答应跟你组建家庭、生活一辈子。

非诚勿扰 I

第四章

相亲有技巧，言谈举止大学问

工作需要技巧，说话需要技巧，交际需要技巧，相亲也需要技巧，而且相亲更需要必杀技！

男士要赢取女士芳心，女士要赢得男士青睐，需要秘笈，需要技巧，更需要一些绝招！

相亲是个技术活，没有技巧，难以存活。

尤其是相亲初体验，第一次见面如果不得其道，就难以给对方留下好印象！

赢取女士芳心的十个秘笈

以下是我们精心总结出来的十大秘笈，真诚奉献给在相亲路上不断求索的男士们。

秘笈一，避免一成不变的生活作息

女性是相当喜欢变化的，所以在女性面前千万别展现毫无变化的姿态及做事态度。例如到熟悉的地点约会可试着改变一下自己的装扮，例如换副眼镜或戴顶帽子，如果让对方有意外的惊奇感受，很可能就因为这小小的变化使得原本不易接近的她很快地变得亲近了许多。

秘笈二，适时用身体语言来赞美对方

女性的肢体语言相当丰富，除了希望得到你对她语言的倾听之外，她也希望得到你对她有所回应。在外国人之中，意大利男士算得上是最会追求异性的了，他们常常会运用丰富的肢体语言来达到自己的目的。

如果面对女性，只是单纯地运用说话方式似乎会有所不足，试着运用你的手势看看，也许愈夸张的手势愈容易赢得女士的芳心。

秘笈三，不要面对面的坐着，横式的并坐才能增进感情

面对面地坐着最容易让人掌握追求的意图，而丧失追求成功的机会，而且真正面对面地坐着很容易露出缺点。不妨和心仪的她采用横向并坐，尤其是在她右方的位置，在这种姿式之下，你会得到不可思议的助力，从而使你的追求成功。

秘笈四，喜爱的食物和一致的兴趣，可如愿接近

为了想要接近你目标中的女性，得搜集某些关于她的情报，让你们的饮食兴趣相符，因为如果在食物方面有相同兴趣的话，女性会认为在其他方面两人的同质性也很高，如此一来，成功的果实就不远了。

秘笈五，多制造见面的机会

男女交往，两人越熟越没有戒心，当然更容易敞开心扉。每周送一次花的高阶层男士和每天负责接送女友的男人，女性总是比较容易对后者心动，因为彼此的接触机会较多。

秘笈六，在交往时给予她梦想

与女性交往时最重要的是要给对方一些梦想，在开始的时候对她的态度和每次的承诺都不能有变更。简单地说就是在交往时要给她梦想，让她能感觉到你在乎她、关心她，让她感觉到如果和你生活在一起会很幸福，如果持续让她保有梦想的话，你们的交往关系才会更加深入。

秘笈七，让她笑

一些言语的使用，经常可以产生许多微妙的作用，即使不擅于追求女性，如果你能使她笑，一定能得到好的效果。在平时得多培养一些幽默感，练习说一些好笑的笑话，甚至奇怪的笑话，都能引起女性的笑意。

秘笈八，制造偶遇

女性极易被偶然相遇的男性吸引，神秘性对女性来说是相当重要

的。比起他人的介绍或是在工作场合中认识的男性，偶然间认识的男性更能吸引女性。如果偶然的机会重复发生的话，那女性必定会深信缘分的存在，相应地对这种偶然她会相当的感动。

例如，第一次相亲见面后，对对方会有初步的了解，可以猜测或者了解她公司的位置、上下班的路线与时间和喜欢去的场所。知道这些很容易偶遇，偶遇的次数一多，她会觉得这是命中注定的缘分，相亲也就成功了。

秘笈九，告诉她，“我会为你而改变”

大部分人都会说“我爱你”、“我喜欢你”，这些话她应该早就听多了，如果告诉她“你很美”，她也许会很开心，如果告诉她“我会为你而改变”，她必然会心动。当然，这句话不能说得太早，要在相处一段时间之后，如果彼此都比较心仪，而她却在犹豫要不要嫁给你的时候，如果你能告诉她“我会为你而改变”，她会心动，会感动，也会下决心嫁给你。

秘笈十，了解她的家庭环境

家是她的成长环境，了解她的家庭，你会更了解她的选择。比如较早失去父亲的女孩，会喜欢年长成熟稳重的男人，家里只有姐妹的女人，比较喜欢兄长类型的男人，家里有兄长的女人，会比较喜欢比自己小的男人。了解她的家庭环境后，你就可以知道自己应该扮演何种角色和用何种相处方式来跟她相处。

帮助女士成功的七大法宝

法宝一，精心打理“门面”

相亲成功的第一步，就要从打理“门面”开始。包括两方面，化妆和穿衣。

有的女士为了突出自己，会化大烟熏妆，会穿低胸裸背以显示傲人身材，其实，这样打扮适得其反。虽然这样的打扮绝对吸引男人眼球，但如果是要娶你的男人，看你烟熏妆加低胸裸背，一定会三思而后行，招蜂引蝶的花朵，可不是男人敢要的人生伴侣。

除了烟熏妆和低胸裸背之外，也万万不可穿着过于宽松肥大的衣服，例如尺码是你身材的两倍大，一副街头装扮。你倒是觉得舒适真我、自在相亲，但男人往往会对你敬而远之，因为相亲见面，男人最不愿意见到的是居家妇女式的宽松打扮。

到底穿什么合适呢？答案是颜色柔和，能显出身材线条又不暴露的衣服。例如剪裁合身的衬衫，或是质地服帖的毛衣，能显示出自己的美好身段就好，男人很在乎这点。服装颜色上可以选粉色、鹅黄或白色，温婉大方，是漂亮又保险的约会色。

衣服选择合适，出门前还要给自己略施粉黛，尽量让自己显示出好气色，因为好气色也暗示着好体质。严肃地说，从进化的角度而言，求偶是为了孕育更好的下一代，健康身体是好基因的表现，对相亲对象来说，有十足的吸引力。

法宝二，微笑

微笑的人永远最有魅力的，尤其是微笑的女人，绝对能给相亲的男人如沐春风的感觉。

谈话时看着对方的眼睛，面含笑意，哪个男人会拒绝呢？这可绝不是自贬身价，而是提高魅力，很多女人会误解，认为女人主动看男人还面带微笑是自贬身价，这大错特错，此时是在寻找终身幸福，用微笑表达诚意，传达自己的信息，不但礼貌，也会显得很有修养和家教，一般在男人的家里，有修养和家教良好是好老婆的标志。

法宝三，事先准备一些话题，化解相亲的尴尬

相亲时经常会出现冷场的尴尬情况，两个人彼此不熟悉，不知道该说什么，也不知道对方喜欢什么话题，这会让相亲的效果大打折扣。如

果相亲前有准备话题，那会好很多。

比如，可以准备一个精彩的自我介绍，或者准备几个有趣健康的笑话，或者其他话题，万一双方谈话时出现冷场，你胸有成竹，拿出准备的话题侃侃而谈，就会顺利的打破僵局，这样会在瞬间拉近彼此的距离。

但一定要注意，这个话题一定不能太悲苦，否则，把相亲变成一场诉苦大会就麻烦了。一个悲苦的话题，或者悲剧的故事，会让相亲双方都谈起自己的伤心事，越谈情绪越低落，哪还有心情去谈情说爱啊？所以准备一些有趣的话题，比如同事间发生的趣事，让他感受你的乐观和阳光。

法宝四，表现出对他的兴趣

在沟通的时候，有一大秘诀就是表现出对对方的兴趣，这是很重要的沟通技巧。比如他跟你说了一些工作上的事情，你可以问他“你的工作最有意思的地方在哪里?”“你下了班都玩些什么?”让他感受到你对他有兴趣，那样，你会看他看得更彻底，而且，他也会感受到你的亲和力。

如果不明白这样做的好处，你可以换个角度思考，你喜不喜欢别人对自己感兴趣呢？尤其是很有可能成为未来老公的男人？答案肯定是喜欢，换位思考，所以对方也一定会很喜欢看到你对他有兴趣。

法宝五，当对方表现出缺乏自信的时候，赶快给予鼓励

男人一般在事业工作上都很自信，可是在感情上，男人都是某种意义上的弱势群体，往往缺乏自信，尤其是相亲的男人，见到美女更是如此。

如果你想获得他对你的好感，不妨在他缺乏自信的时候，及时给予对方鼓励支持，他肯定会无比感激，对你的好感会在瞬间翻番。

如果他说：“我个子不是很高，找对象比较困难。”这时候你该怎么说呢？男人这样说的时候很脆弱，你千万别接口告诉他：“对，你的确是蛮矮的。”，也不要欺骗他，说：“不不不，你挺高的。”最好告诉他：“其实每个人的魅力各有不同，男人的魅力并不一定在身高。”

在男人最需要的时候给予充分的肯定和鼓励，对倍受打击的脆弱的他来说，无疑是久旱逢甘霖，下了一场及时雨，他肯定对你心存感激，

在一瞬间你就会收获极高的印象分。

法宝六，保持联系

相亲结束，如果你觉得两个人并不是那么投缘也千万别表现得没礼貌。他留了电话或者Email地址给你，即使你不感兴趣，为了表示起码的尊重，你可以在以后不联系他，但你千万不可以当面拒绝。别的不说，他身后藏着的其他单身朋友，可能正是你的Mr Right!千万别断了后路。

在他留给你联系方式时，你可以告诉他："谢谢你，认识你很开心，希望以后保持联系。"

如果你对对方非常有好感，有来电的感觉。真是太好了！你可以来点暗示："真没想到，相亲是这么有趣的经历，今天下午跟你的相聚让我改变了对相亲的看法。"给对方一些这样暗示，鼓励对方无所畏惧地拿起电话约你出去。

法宝七，考察他的背景

男人的背景极其重要，外表下面，是一片广阔的海洋，如果你能对这片海洋有大致的了解，那么，在你跟他的相亲中，你无疑占据相当的主动。

考察他的教育背景。这里不但要考察学历，还要考察获得学历的过程。你可能对此不以为然，举个例子，同样的学位，有的人踏踏实实地在图书馆度过，有的人沉浸在网吧里面，这就是学历不能说明问题的原因所在。而且，现在社会上的继续教育鱼龙混杂，假文凭、假学历很多，要谨防骗局。

考察他的家庭背景。考察家庭环境，不是要你去了解他家族的关系和实力，而是要了解他的成长环境，进而对他的心理和性格有所了解。除此之外，还要了解他家庭的主要成员，比如父母兄妹，最好能有所了解，因为和他结婚后，你面对的是他的整个家庭，不只是他一个人。

考察他的能力。这里说的能力，是工资之外的才华和发展潜力。工资和收入只代表现状，如果有才华有潜力，是一只潜力股，那无疑会给你们未来的生活带来极大的帮助，是你幸福的保障。

考察他的志趣。这里的志趣说的是兴趣爱好和情趣。这是生活中一个极为重要的方面，将会决定你婚后的生活品质。如果他的志趣低俗，你还是趁早脱身为妙吧。

考察他的品行。日久见人心，内在品行很难在几次见面内就可以认识清楚，不过还是可以在一些细节上看出端倪，比如负责任、顾家、诚恳、老实、专一，具有这些品质的男人会是一个好老公。

女士相亲，打扮有技巧

窈窕淑女，君子好逑。俗话说“女人衣橱里总少一件漂亮衣服。”外貌是女人天生的名片，三分靠天生，七分靠打扮，只有懒女人，没有丑女人。

即使你的天生底子再不好，但作为女人，也应该有让自己美丽的天职。

首先在态度上要充分重视打扮技巧，如果只想用你的内在修养来打动对方，那么你很可能在相亲的时候陷入被动局面。其实相亲时彼此的形象都非常重要，要打好头一仗，给对方一个美好的第一印象，这一点尤为重要！

关于第一印象的重要性，有人做过科学研究，第一印象在两个接触较少的人中起到80%的定势作用。也就是说，在你们见面的头几次、十几次，第一次见面的分数占比达80%，而且他第一次对你的印象还会延续到后面的十几次中。第一印象的重要性不言而喻。

相亲时切不可化过于浓的妆。相当一部分男人不喜欢浓妆艳抹的女郎，更别提流行的烟熏妆了，男人还是希望找个正常点的女人做妻子。最好的做法，一般打点粉底，涂个唇膏就OK了。眉毛太浓太乱的女孩可以适当修一下眉，要保持自然清新。

更可取的做法，还是要保持充足的睡眠。睡眠是天然的保养品，美女都是睡出来的。睡眠充足可以让你轻易告别黑眼圈、眼袋，小痘痘和皮肤暗黄、粗哑，使你双目有神，容光焕发。

另外，饮食结构调整也很重要。注意不要吃刺激性食物。油炸食物、辛辣食物、过浓的咖啡、烟酒……为了美丽，都放弃了吧！多吃新鲜蔬菜和水果，多喝水，保持心情愉快。此外还要注意防晒。长此以往，自然能拥有美丽的外在！

相亲时一定要穿得体的衣服。特别是冬天，不要穿臃肿的棉衣、过于宽大的羽绒服、紧裹在身上的运动装，别把自己包得像个球一样。

保持身材的最佳做法是饮食+运动，两者都不能疏忽。视自己情况制定瘦身或增肥计划，健康美丽的女人是男人的最爱。

在相亲时除了要注意自己的形象，不同类型的女人还要为了幸福做出适当的改变：

1. 写给内向的女人

首先要明确，如果没人追你，恐怕你的内向性格难辞其咎。当然，即使社会越来越开放，开朗外向的女孩子明显更受欢迎，但是萝卜青菜各有所爱，内向也有内向的好，文静内向的你，自然也有人喜欢。

不过你若认为就这么守株待兔，那就大错特错了。男人可不都像电影里的绅士那样主动，如果你不是像范冰冰那样美艳，像董洁那样清纯，那千万不要摆出一副冷冰冰的样子。

即使你长得漂亮，也不要当一幅沉默的壁画，因为男士们没有耐心去伺候一件摆设。所以，相亲的时候，如果遇到中意的男人，为了后半生的幸福着想，要施展自己的魅力，提示他，让他看到、感受到你的心意。

对于内向的女人，一定要适度放开自我，至少观念上主动起来，学会施展魅力！

2. 写给过于清高的女人

清高的女人一般过于追求完美，其实完美是一种真空状态。

王子和公主一般只出现在童话故事里面，灰姑娘碰上钻石王老五的故事也只是出现在偶像剧里面，这两种情况都算是完美婚姻，只是很少在现实生活中出现。

清高的女人一般都有王子情结，在感情上有洁癖，非王子不嫁。她们继续清高着，当年华和青春就像流水一去不返时，再后悔就来不及了。

对于自恃清高，过于追求完美对象的女人，要放弃完美的不合理的观念，去发现、去接纳身边一些有血有肉、有缺点也有优点的男人。婚姻是实实在在地过日子，不是整天做梦跟王子花前月下。

3. 写给寻找有钱人的女人

有钱很好，漂亮包包、漂亮衣服都可以买到，这对女人的诱惑太大了。

社会很不完美，在婚姻中也没有太过完美的事情。如果直奔钱而去，婚姻难免会出现问题。

有钱人永远是极少数，有钱人里面符合你要求的又是极少数中的极少数，这个社会上美女无数，数不胜数，这样一想，你会发现自己有多么的不切实际。

娱乐版会看到某某女明星嫁入豪门，却很少看到有普通女人嫁入豪门的，这是现实。

在相亲中，遇到有车有房、经济实力还不错，对你又足够真心的男人，就不要再想着一定要嫁个大富大贵的老公了吧，你说呢？

4. 写给过于注重细节的女人

男人和女人是两种不同的动物，女人天性具有母性的光辉，爱照顾人，温柔，体贴，而男人则大多不拘小节大大咧咧，绅士虽然好，礼貌得体，但是也只是表明他们深谙女人心理，并不代表他们性格品质等其他方面都优秀；粗心男人固然不好，但是也不代表他们性格品质其他方面不优秀。

对于过分追究细节的女孩子，要反思一下，迟迟没有结婚，是否犯了一叶障目的错误？请全面的看待一个人，尤其是在给自己找老公的时候。

男士相亲，说话有技巧

她大龄未婚，身边人都很着急，在生日的时候，闺蜜们给她送了一份特殊的生日礼物：一份京城排名第一婚姻介绍所的登记表，入会价格一年6000，属于最低的级别，只能登记在案，不能挑选别人，只能被别人挑选。

这是一家顶级的婚姻介绍所，入会价格最低一年6000，每递增2000为一个档次，最高一年30000。

她有些不高兴，闺蜜们告诉她："花这么多钱在这里登记的男人不但有实力，也有诚意，你就等着被挑中吧。"她冷静下来，想了想，然后接受了。

一个月后，婚介所安排了一次相亲，两人一起在茶餐厅喝下午茶。

他的条件听起来相当不错，独自经营一家小型贸易公司，名校出身，彬彬有礼，第一印象很不错，不过这个近乎完美的第一印象只持续了几分钟。

几分钟过后，他突然问她："你平时用什么牌子的面霜？"

她顿了顿，怎么男人也关心女人的化妆啊？她回答："伊丽莎白雅顿和HR。"

他又问："那彩妆呢？"

她回答："Bobbi Brown和Dior。"

她有些生气了，他却还在继续问，问她用什么面膜、什么眼霜、什么收缩水以及彩妆刷子的品牌。

她忍不住了，问他："我从来没见过一个男人对女人的护肤品这么熟悉，你是最近在做化妆品生意吗？"

他很得意，说："不是，我觉得从一个女人的护肤习惯可以看出她所受的教育和家庭背景，而她所选择的品牌可以判断出她的消费习惯和个人素质。"

他又问她："你使用电动牙刷吗？"

她心想，怎么遇到这么一个怪胎啊。她告诉他："我从来不刷牙。"然后愤愤离开。

相亲说话大有技巧，不懂得这些技巧，即使条件再好，也难入对方的法眼。下面是男士相亲的说话技巧：

技巧1，你是在找另一半，不是在找要倾诉的垃圾桶

任何时候，不管是初次见面，还是相识已久有所了解，都不要向她大吐苦水，述说A是怎么把你甩的，你当时如何地伤心欲绝，B是怎样地移情别恋，让你痛不欲生，好不容易遇上C，才发现C的洁癖让你无法忍受……

这样大吐苦水的结果是，她会觉得你有问题，不然为什么每个人都离开你呢?

相亲时坦白固然是好品德，但要讲究有时有度，“时”是要在最合适的时间，“度”是要找到最恰当的方式。你过分“坦白”的结果只会导致她反感，不是因为无法忍受当你的倾诉垃圾桶，就会被你的“传奇”经历吓得望而却步了，所以过去的感情经历还应该选在恰当的时间里，用最轻描淡写的语气让她清楚地意识到：你已经成功的走出了那段情感的阴影，现在你最珍惜的是眼前的她。

技巧2，幽默有度，可调情不可色情

男人说笑话，展示自己的幽默，经常说着说着在不经意间就说到色情笑话上了，自己说得洋洋得意，她却会悄然给你贴上色情狂的标签。

幽默风趣的男人是抢手货，所以很多男士也有意无意给自己贴上幽默的标签，但是幽默一定要有分寸，尤其不能把开色情玩笑当做是一种幽默，因为色情玩笑经常会让对方措手不及，招致对方反感。

技巧3，体重对女人而言永远都是雷区

美食谁都喜欢，在吃饭的时候，如果你擅自帮她点菜，而且还振振有辞地给出理由："不能吃这个，你该减减肥了。"

这无疑会让她大动肝火，女人最关心的问题就是体重，她最在意的事情，根本不用你来提醒，如果你不小心越界了，那最后的结果很可能就是没戏！

技巧4，不要做私家侦探

很多男人在聊天的时候找不到话题就随便问问题：

"你工资多少啊？"

"你有多少积蓄啊？"

"什么学历啊？"

"买车子没有？"

"你的父母还在工作啊？"

…………

或许你是无意，只是想进一步了解她，可是你操之过急了，这样只会让她觉得你居心叵测。其实你只需要多一些耐心，只要留心留意，在适当的时候，她都会告诉你的。问得太多太直接，会让双方的交流陷入尴尬。

技巧5，轻松话题助你打开话匣子

他在相亲时，遇到了一位挺腼腆的女孩，为了让自己显得有内涵有前途，他大谈文学和人生的理想抱负，自我感觉不错，事后女孩发短信过来："你太做作了，以后不要联系我了。"

婚恋专家建议，头几次见面最好不要说空话套话，为避免气氛尴尬，应尽量以轻松的话题开始交谈，谈话中不要过多地谈及自己，也不要直奔婚恋主题，而应该以工作、爱好等这类轻松亲切的话题开场，在谈话中逐步增进了解。不要直接发问，应以"从谈吐看你像是做某某职业"这样的请教方式发问，否则会给对方留下没有礼貌、过于鲁莽的印象。

认准之后，相亲男必备的13个绝招

1. 每天给她发一条短信

不能都是“我爱你”之类的直接表白，但一定要表达出这个意思。

最好是晚上等她关机睡觉后再发过去，这样，每天早上起床刚开机，她就能读到你的甜言蜜语，心里一定会觉得很幸福。

永远也不要以为甜言蜜语多余，女人是非常缺乏安全感的动物，甜蜜关心体贴的言语，最能让她获得安全感。

2. 不时给她买一些小礼物，同时可以附上你的心意表白

比如，你可以买一条绒毛狗送给她，对她说：“我就像小狗一样，永远忠诚地守护着你！”或者送一个漂亮的洋娃娃，在她耳边轻轻说：“我希望以后我们的宝宝就这么可爱。”

她即使铁石心肠，她的心也肯定会为你一点点变得柔软，没有感觉也会变成有感觉。当她的床上桌上摆满了你送她的各种小礼物时，她想不思念你都难。

3. 表达爱情，玫瑰代表你的心

谁都知道，女人喜欢玫瑰，不是因为玫瑰有多漂亮，而是因为玫瑰代表爱情。明白了这一点，你就不要在“她是不是喜欢玫瑰？”这样愚笨的问题上浪费时间了。当她捧着一大束玫瑰听着朋友同事艳羡的声音：“啧啧，你那位真爱你啊！”她心中的骄傲是难以用言语比拟的。

玫瑰能让她爱上你，更能让她嫁给你。

4. 陪她逛街，不要拒绝

女人天生爱消费，即使不消费，也喜欢逛街，尤其是跟自己喜欢的人逛街。如果她还没有喜欢你，那就主动去陪她逛街吧，逛久了，她对你的感觉肯定会不一样。

当她开始依赖你时，她会主动要你陪她去逛街（这可以当作她开始喜欢你的依据），此时你千万不能拒绝，也不能在逛街的中途临阵脱逃。

其实，每个女人都知道，男人都不喜欢逛街逛商场。正因为如此，如果你陪她逛街，她便会心存感激，永远记得你的好。

5. 体贴无处不在，让她先挂电话

女人是感觉动物，要时时刻刻都感受到你的关怀，女人要的是无微不至的关怀，这样的关怀要体现在细节上。

相亲中的男女会打很多电话，每次通完电话后，如果你能轻轻地对她说："你先挂。"让她带着温暖挂掉电话。因为后挂电话的人会听到失落的嘟嘟声，你听到没关系，如果被女人听到，肯定会备受冷落，对你的感觉和印象也会大打折扣。

尤其是睡前的电话粥，挂完电话，带着你温暖的祝福，她甜甜睡去，肯定会对你好感倍增。

6. 带她去陌生的地方

女人对男人的依赖感很强，尤其是在陌生的地方。在她家里，她肯定是不会太依赖你的。

而在陌生的地方，完全陌生，在熙熙攘攘的人群中，没有认识的人，没有一个熟悉的面孔，只有你是她所有的依赖。那种感觉就是幸福的感觉，就是女人终生追求的感觉，让她感受到这种感觉，你的相亲就离大功告成不远了。

可以是在陌生的地方散步，可以是在郊外郊游，可以是去邻近的地方旅游，在陌生的环境，在广阔的天底下，你是她唯一的依靠，两颗心会离得很近。

7. 看电影

看电影一般是恋爱的必备环节，在相亲中也不可少。

电影院幽暗的氛围，超强的视觉效果，让人有身临其境的感觉。看电影有两种选择，第一是浪漫爱情喜剧。男女主人公在大银幕上谈情说爱，浪漫无限，电影里的浪漫也会离开银幕，飘进她的心里，尤其是男女主人公浪漫接吻或者拥抱的时候，她也会有这种浪漫的渴望。第二种选择是看恐怖片，据不完全统计，女人超级喜欢看恐怖片，虽然女人天

生胆小。银幕上阴森恐怖，气氛骇人，血肉横飞，惊声尖叫，当她害怕的时候，坐在旁边的你是她坚实的依靠，当她钻进你怀里或者紧紧抓住你的手的时候，爱情可能会在瞬间滋生。

8. 做个随她而变化的“变色龙”

女人有多种角色需要，有时候撒娇，像个可爱天真的小女孩，此时她需要你呵护；有时她像个公主，野蛮任性，需要你像父亲一样宠着她；有时她母爱泛滥，需要你做个需要别人照顾的小baby；有时候她不知道怎么办，像个迷途的小羔羊，她需要一双大手拉她找到前进或者回去的路；有时候她很脆弱，需要坚实的肩膀依靠，那你就需要及时贡献自己的肩膀；有时她只是需要一个玩伴，你就做一个邻家大哥哥吧。

你随时去适应她，陪着她，等她走过一程，发现你总是陪在她身边，她会毫不犹豫地依赖你。

9. 展示温柔的男人味

女人不喜欢粗暴，也不喜欢霸道，虽然喜欢温柔，却不喜欢软弱和懦弱。她脆弱任性撒娇野蛮的时候，需要你温柔；她失去主心骨不知道怎么办等着你拿主意的时候，你就展示自己男人的一面。有时候也可以适当的展示自己的威信，让她满足于做一个无忧无虑的小女人。不过要注意分寸，不能太过了，否则会适得其反。

10. 为了建立自己的家，首先赢得她家人的认可

相亲结婚从来都不只是两个人的事情，需要双方家人的参与，并要得到双方家长的认可，这样如果彼此喜欢爱慕，才会组建幸福的家庭。所以，请你撒下天罗地网，网住她家人的心，这样你会更快俘获她的心。比如她在相亲中对你犹豫不决，或者欠缺好感，如果有她的家人整天在她耳边为你吹风，她心里的天平很快就会向你倾斜。毕竟，绝大多数女人都是顾家爱家、孝顺父母的人。

11. 拿出诚意，为她改变

你有优点，也有缺点，即使全是优点，也有她不喜欢的优点。爱

她，喜欢她，想把她娶进家门做妻子，就要尊重她，为她改变。如果在别人眼里的优点在她眼里是缺点，那就不要犹豫了，立马改变。当然，吸烟喝酒之类的就毛病更不用说了。

一般成年人已经定型，很难改变，当你为了她做出改变时，她能不感动吗？这就是精诚所至，金石为开。

相亲是要非诚勿扰，诚到了，她的心就为你敞开了。

12. 做一个可靠的有主见的男人

在相亲中，一般女性都处在被动的地位，习惯于服从和依赖男人，这是由于长期的习惯导致的。因此，女人在选择结婚对象时，会倾向于选择可靠的男人。

男人如何在相亲时让女人觉得可靠呢？

某公司有这样一对男女同事，他很喜欢她，想约她在下个休假日一起出去玩。

下班前，他发出邀约，他是这样问的：

“你什么时候有空啊？”

“你想去哪里啊？”

“我们一起看电影，好吗？你想去公园也行。”

她心里有些不满，是这样回答的：

“什么时候都好。”

“哪里都可以。”

“哪里都不错。”

她等他发出明确的邀请，他却让她失望了。时间比较晚了，她看看手表，说：“太晚了，我要回去了。”她失望地回去了。

他尴尬地站在办公室里不知所措。

大多数女人都喜欢有主见的男人，他却没有表现出一点主见，所以她才很失望。

在女人的心里，有主见的男人才最可靠。大多数女人希望另一半能够主宰自己、领导自己，如果男人什么事情都交由女人决定，那女人会觉得你是一个优柔寡断的男人。

在这种事情上，即使高级白领也不例外。

13. 看准时机，借机牵手

迈不出亲密接触的第一步，相亲就会很漫长，比较男女之间交往相处不是聊聊天、吃吃饭那么简单，男女之间很复杂，相亲要成功，两人要走到一起，亲密接触不可少，尤其是牵手。牵手之后，相亲就会变得简单。

女人一般不会主动伸手给你牵的，你要找准时机牵手，这里有几种技巧：

过马路时，你可以说：“快点，红灯亮了。”然后自然地伸出手，拉着她过马路！

电影散场，人群涌动，你可以说：“抓住我的手，不然等会儿找不到你了。”

当你们坐在公园的地上，你可以说：“我们到那边去看看吧，来，我拉你起来。”

马路上车流涌动，你告诉她，“注意车子来啦！”一边轻搂她的肩膀将她拉近！

在咖啡屋前，她犹豫不决，“走，进去吧！”轻搂她的肩膀，或者拉着她进入咖啡屋。

“哎呀，这里脏了，我帮你拍拍。”当你们从草地上起来，你可以帮她拍拍背上的脏物。

黄昏时刻，散步在林间，“看，那边夕阳西下，倦鸟归林的画面多美啊！”一手指着远处的夕阳，一只手轻轻地放在她的肩膀上！

但要注意的是，肢体上的接触，一定要点到为止，不要表现得太轻浮，不然她会觉得你毛手毛脚的，结果就会适得其反。

相亲初体验，第一次见面的学问

先讲一个真实的故事：

闺蜜介绍她跟他相亲，他是海归，是闺蜜的朋友，而她呢，有一双迷人的大眼睛，相貌身材俱优，第一次见面约在酒吧里。

见面之前，她就对他的条件非常满意，见面后聊了几句就更满意了，下定决心不让他从自己身边溜走。他刚开始对她也是很满意的，很淑女，也很优雅，说话谈吐都很不错。

酒吧就一定要喝酒水的，两人要了酒，边喝边聊，都是年轻人没什么顾忌，一会儿酒喝多了，她跟他猜拳跳贴面舞，缠着他不放。

出了酒吧，她跟他在酒吧后面的林荫小道上继续聊天，她痛哭流涕，动情地讲述自己的青春往事和感情经历，他在旁边逐渐不耐烦了，发好多条短信给他的朋友（也就是她的闺蜜）要让她送喝醉的她回家。

当然，相亲失败了，喝醉酒的她把他给吓坏了。

本来很合适的两个人就因为地点选择不妥，失去了好姻缘。

酒吧显然不是相亲的适当场所。喧闹的音乐，不利于健康话题的展开，而酒精很容易使我们高雅的相亲活动走向低俗化。

相亲，尤其是第一次见面，最好不要在双方的家里，因为那样就太过正式，而且有双方家长在场，气氛会比较尴尬，男女双方不能畅所欲言。

最好也不要去电影院看电影，因为看电影一般是情侣的选择，第一次见面就去看电影，会让对方觉得你太直接，太突兀，看电影的时候两人也会觉得尴尬。

最好的选择是去热闹的地方，比如公园，或者一些展览馆，这样做有两个好处，第一是人多可以壮胆；第二，可以有更多的话题交流沟通。

第一次见面或是约会有许多地方可供选择，可以去喝咖啡，可以去公园散步，千万不要选择酒吧迪厅等场所。

第一次见面说话切忌夸夸其谈

很多人相亲时都会夸夸其谈，大谈自己的工作或者其他事情，完全不顾对方的感受，这很容易让人反感。

第一次见面，应该尽量给对方留下含蓄礼貌的印象，说话时最好点到为止，要顾及到对方的感受，对方问问题，回答的时候更不要驴唇不对马嘴，答非所问，要用简洁的语言切中主题，这样对方会觉得你有内涵有修养有素质。

很多人觉得相亲的成功都要靠长相，其实这不是完全正确的，语言也是很重要的，交谈是很能培养起双方感觉的手段。

第一次见面的着装

男人永远喜欢漂亮的女人，而女人永远喜欢有魅力的男人。

人都喜欢被尊重和重视，尤其是自己身边很亲密的人，相亲的对方很可能就是你未来的另一半，当然更需要你的尊重和重视。

男士要注意自己的穿着，不能太随便了，比如在冬天，外面穿羽绒服，里面却只穿一件秋衣，这样给女士的印象肯定不会好。

女士呢，最好不要穿职业套装，要根据自己的情况选择合适的装束，不能盲目跟风，更要合理妆容，素面朝天也不是很合适。

第一次见面忌谈彼此父母

相亲的时候要尽可能少谈论父母，为什么呢？过多的谈论父母会让对方觉得你不够成熟，其次会觉得和你在一起没有安全感。

一般相亲的两个人，通常对彼此父母和家里的情况都有所了解，如果总是谈父母的话题，就会显得多余，因为相亲毕竟是男女双方的事情，如果说起父母，那也要点到为止，不能过多地谈及。

父母在相亲和婚姻中不是决定因素，却很容易影响到相亲的成功率。如果你告诉对方，在家里父母的话就是圣旨，一个马上要结婚组建自己家庭的人讲这样的话，绝对是不讨人喜欢的，甚至是令人反感的。

第一次见面的合适话题

相亲的时候很多话都不能随便乱说，更不能海阔天空想到什么就说什么。尤其是第一次见面，到底该说什么好呢？

谈彼此的工作是不错的选择，不过一定要注意对方，不能一味只讲自己。可以简单的介绍自己在哪里工作，主要做些什么工作，说话的时候语速不要太快。男士最好先开始介绍自己，这样双方都能大致的了解对方，并能从语言中观察对方的谈吐。

这里有一个注意事项，不要说自己工作很无聊，整天就是混日子，也不要说自己收入很低。这么说不是让你欺骗对方，而是换一种委婉的说法表达自己的收入问题，比如可以说自己事业刚起步，或者说还过得去，不要说得太直接，因为大多数人都不想嫁给一个loser，如果你说自己很失败，对方当然会信以为真，把你当做loser看待，第一次见面后就没下文了。

第一次见面的时间控制

根据心理学的原理，男女第一次见面时，双方交谈最好的时间长度为一小时左右。时间太短，不足以有初步的了解，时间太长会觉得烦闷尴尬。

相亲和普通的男女见面不一样，因为双方都有同样重大的目的：寻找自己未来的另一半。所以第一次见面不到一个小时就结束会显得有点草率，最好能控制在一小时左右，让双方能有更好的了解，以决定要不要继续交往。

最好的时间应该选择在下午两点到四点之间，选择这个时间点，有两个好处：第一，刚吃过午饭不久，心情还是比较放松的；第二，这个时间见面，双方一般不会涉及太大的消费，一般只需要买饮料就可以了。

第一次见面的相亲开场白

国人第一句话往往都喜欢问“吃饭了吗？”要不就是“今天过来方便吗？”其实在相亲时这样说话很不礼貌。

外国人说话，一般第一句都是问好，比如：Hi！ Nice to meet you！

…………

这也说就会显得礼貌得多，因此，我们相亲时，第一次见面，第一句话应该说“你好，很高兴认识你。”最好说的时候脸上能带着自然的微笑，这样说礼貌得体有分寸，而且会在无形中拉近双方的距离，笑容更能让对方如春风拂面感觉温馨。

交通堵车这样让人沮丧的话，最好不要放在之后说，也最好不说。

第一次见面最好不要握手

很多人第一次见面有主动伸手跟对方握手的习惯，新闻联播里面，国家领导人会见外国元首都是会主动伸手跟外国元首握手的，不过在相亲里面，这样做就不合适了。因为在相亲里面，握手不叫握手，叫做拉手，或者牵手，代表的是一种亲密行为，只有在双方关系更进一步的时候才能牵手。

所以，第一次见面就不要伸手要跟人家握手了，免得尴尬。即使双方通过聊天感觉彼此都不错，对方对你印象良好，也不要试着去拉手或者牵手，这是极不理智也不礼貌的行为，会让对方觉得你很随便。

在第一次见面时要尽量避免肢体接触，甚至在前几次见面都要避免。

第一次见面一定要准时

准时是最基本的礼仪。第一次见面，一定要准时。

男士千万不能耍小聪明，自以为是的以为女士架子大，肯定会迟到，所以自己也迟到，这样的结果是小聪明会导致聪明反被聪明误。

女士也不要故意迟到，以此来测试对方对你的耐心，这样做极不明智。男人的耐心是有限度的，约定就是约定，就像诺言一样，说几点就几点。

不要迟到，为了准时，最好早到。

为了准时，最好在事先对见面的地点的行车路线做一个了解，还有就是闹铃，这样做肯定会万无一失。

第一次见面要保持一定的“距离”

人与人之间的距离是有一定讲究的，两人距离越近关系越密切，相亲时第一次见面，双方都比较陌生，当然谈不上亲密了，所以两人之间要保持一定的距离。

第一次见面，往往两人都不太好意思看对方，眼神是处于游离状态，而恋爱中的两个人眼神是相互交流的。

因此相亲时不要与对方有过于密切的距离，保持一定的风度和矜持是非常重要的，还要避免过多的眼神交流。

第一次见面关于谁买单的问题

在相亲中，谁买单也算是一个争议性话题了。

第一次见面，最好别吃饭。如果两人聊天不愉快，都对对方无意，那就别吃饭了。如果两人聊得比较投机，时间较晚，到了吃饭时间，那就可以一起吃饭。

吃饭的地方，最好能便宜点，过得去就行，在这种情况下，男士应该表现出绅士风度，主动结账买单。

如果去的地方比较高档，还是应该选择AA制，这样不但公平，也显得男女平等。

这里有一点需要说明，男士买单并不是天经地义的。或者如果双方都对彼此有兴趣，还有第二次见面的可能或者必要，可以轮流买单。

第一次见面留联系方式的学问

相亲不成还可以做朋友，毕竟有了一面之缘，所以在见面之后，如果对方问起你的联系方式，大可不必当面拒绝，这方面可以显示你的大气。

如果你想得知对方的电话号码，可以这样说："我的手机是××，有时间可以经常联系。"

这样对方会主动把手机号告诉你的，避免出现你向对方索要手机号而对方不给的尴尬情况。

如果你主动给对方联系方式，对方却没有给你他（她）的手机号码，那你也不必着急，如果对你有意，他（她）肯定会主动跟你联系的。

如果对方首先向你索要手机号码，不管你是否有意要对方的手机号码，你可以这样说："你告诉我你的手机号码，我给你打过去。"如果你想告诉对方你的号码，可以当场打电话到对方的手机上，如果你不愿意，完全可以不做任何表示。

第一次见面前的接触

如果在见面前可以多点了解对方的情况，那对第一次见面是很有帮助的。

第一，可以通过介绍人了解对方，了解介绍人跟对方的关系，以及对方的性格爱好等等。

第二，如果事先得到了对方的手机号或者QQ号码，可以先发短信或者网聊，说话要含蓄优雅，少说暧昧或者亲密的语言，如果是网聊，最好双方能交换一下照片，看看自己喜欢不喜欢，或者对方对你满意不满意，避免"见光死"。

第三，了解一下对方的作息和时间，为第一次见面做准备，比如什么时候上下班，什么时候休息，一般什么时候有空，喜欢去什么地方吃饭，喜欢吃什么，等等。

第一次见面应该克制的习惯

很多人对很多事情都特别敏感，所以要尽量克制自己的小习惯，不管你觉得这些小习惯让你显得可爱还是有个性。

以下小习惯应该克制：

（1）有事没事抓头发。

（2）说脏话。

（3）有事没事就抱怨。

（4）随地吐痰。

（5）乱扔垃圾。

（6）有事没事就看手机或者看手表。

第一次见面如何给对方留下好印象

第一印象从来都很重要，如果第一次见面都差强人意，那就意味着相亲要失败了，意味第一次见面不成功，很难会有第二次见面。

第一印象不但要包括一个好的形象，也包括好的谈吐和见识见解，你总不想找一个什么都不知道什么都不懂的人做另一半吧？因此，平时在家应该多看看书，好让自己说话的时候有点内涵，多点见识。

第一次见面后的反馈注意事项

第一次见面后，双方都会有大致的了解，你不必急于在见面后就打电话或者发短信表白，或者问对方对你的看法怎么样，这样做是很愚蠢的。毕竟如果对方对你有意，就会主动联系你的。

一般女士比较矜持，所以即使有意，也很少会主动联系，所以，男士应该在对方睡前礼貌地发条短信问个好，祝晚安。

如果很急切地要知道对方的想法，那最好也不要当天就问这样的问题，给对方，也给自己一点思考的空间，让彼此都喘口气。

到了第二天，你就可以发短信或者打电话过去了，可以这样问："昨天跟你聊得很开心，你呢？"可以这样子慢慢试探，不要问"可不可以再约你出来"这样的傻问题，如果对方对你有意，会很认真仔细得回复你的短信的。

如果你对对方无意，那就不要主动联系了，对方不会不识相的，不要给彼此错觉。

非诚勿扰 I

第五章

相亲大忌，这些糗事儿你要少干

相亲是一段极其重要的人生路，一帆风顺的坦途很少有，众里寻他（她）千百度，经过磨砺，有了见识，蓦然回首，你才能找得到。

相亲路上，人来人往，熙熙攘攘，形形色色，各种各样，无奇不有，既有极品相亲男，又有极品相亲女，雷人雷事，层出不穷，你需要给自己长些见识，见多识广，才不会雷到自己！

遭遇极品相亲男，相到极品相亲女，也许你会备受打击，信心受挫，不要烦闷纠结；遇到雷人趣事，开心之余，要一笑而过。

相亲路上不孤单，如果跟别人一起相亲，千万不要起到反作用！

你是独立侠，还是“抱团”作战

相亲，虽然关乎我们自己的终身幸福，可现实却是，父母往往才是在这件事情上最着急的人，尤其是心疼女儿的妈妈。

一个周末，朝阳温暖地探头探脑，她赖在床上不肯起来，正享受着这个惬意的清晨。突然，妈妈急促的声音在耳边响起：“快起床了！懒虫！”

她继续拖着，迟迟不肯起来。

妈妈继续不厌其烦地威逼利诱。她睁着朦胧的双眼：“到底什么事啊，我还不想起床呢！”

妈妈眼一瞪、手一挥：“抓紧时间，赶快起床！你今天要去相亲，一定要去！”

她内心十二万分的不情愿，但想着妈妈的一片苦心，想着妈妈几十年的无私付出，她突然觉得鼻子开始发酸了，于是一个鲤鱼打挺，立即起床洗漱。之后，她略施粉黛，跟在妈妈的身后出门了。

路上，她突然想起自己一个月前的相亲经历，那次也是跟妈妈一起去的。她觉得对方不错，对方也很热情。但还没聊几句，妈妈就把她拖走了。回家的路上，妈妈一个劲儿地说对方太矮了，对下一代不好。她非常无奈，那次相亲以失败告终。

这次的相亲地点在公园里，一路上妈妈心急火燎地催她，结果，母女俩先到了。等了不大一会儿，一个看上去很体面的男士走了过来，妈妈连忙揪揪她的袖子，她会意，就是他了。她礼貌地站了起来。

他展颜，先跟妈妈问好：“阿姨好。”又微笑着冲着她点了点头，然后两人都坐了下来。

她微笑着沉默，等他先开口。他却一直找不到合适的话题。两人有一搭没一搭地聊着，气氛有点尴尬。

这时，妈妈突然开口了：“你今年多大了？”

他微笑：“阿姨，我今年27了。”

她静静地听着，没有接话。

妈妈再接再厉：“听说你是小学老师对吧，那你现在能拿多少年薪啊？”

她吓了一跳，再找不到话题，也不能第一次见面就打探对方的收入啊！她脸上有点挂不住了，拼命对妈妈使眼色，但妈妈理都不理，全神贯注地等着男士的回答。

他脸红了，踌躇了半天，还是没能开口。一片沉默中，妈妈有点不满意了。

突然，他打破了沉默：“你们的车一直停在公园外面吧，这么久了是不是不大安全啊？”

因为公园离家很近，她和妈妈是步行过来的，再说，她们家也没有车啊！

她愣住了。妈妈的反应倒是不慢：“你说什么？什么车？”

他继续道："你们家的奥迪啊！介绍人说你们今天会开着奥迪过来的啊！"

妈妈慌了："我家哪有什么奥迪啊，你搞错了吧！"

大家再次沉默。她实在忍不住了，找了个借口，拉着带有愤愤之色的妈妈火速离开了。

后来跟介绍人对质，介绍人说根本没提过她家有奥迪。恍惚间，她在想，男士是故意的吧，他就是想通过这种方式了解她家的经济状况？还是在报复妈妈之前口无遮拦地打听他的收入？

但一切问题都得不到答案了。她再次与一段缘分擦肩而过。

相亲提示：

（1）相亲的时候，尽量让父母退居幕后。父母太早介入相亲过程，很可能会带来意想不到的后果。

（2）如果父母出面太多，你将失去对整个相亲过程的掌控权。有时候，父母的好心是换不来好结果的。

（3）父母一般都会偏袒自己的孩子。对于父母的意见，请有所保留地理智接受。

相亲的时候，很多时候会出现这种情况，就是带自己的好友或者闺蜜去相亲，一方面为自己壮胆，另一方面能为自己把关，好处多多。不过，如果要带同伴去相亲的话，最好不要带比自己漂亮的同伴，最好能比自己丑一些。否则，后果可能会很悲剧。

博士学成归来，个子高，身材好，身价丰厚，虽然年岁不小了，可还算个很有潜质的好老公，而且在国外和女友分手半年多，回国后急于治疗感情创伤，希望找到感情寄托，于是毅然加入了相亲大军的队伍。

博士有一女性朋友李小姐，婚姻美满，乐于助人，看博士一个人孤苦伶仃，决定为博士物色对象。李小姐的密友王小姐听说了这件事，很感兴趣，决定介绍闺蜜赵小姐给博士，李小姐和王小姐两人在一起合计了一下，感觉双方在一起的希望很大，于是，相亲开始了。

有一点需要说明，由于王小姐担保闺蜜赵小姐是个美女，而且工作不错，所以博士并没有看过赵小姐的照片，双方约定一起吃饭。

李小姐带着博士，在饭店门口耐心等待，一会儿，王小姐带着赵小姐姗姗来了，王小姐和李小姐挥手致意，博士一看，心里开心不已，对李小姐说："真得好好谢谢你，找了这么漂亮的对象给我。"

李小姐一看，糟了，原来博士看中的是自己的朋友王小姐，而前来相亲的赵小姐直接被博士给忽略了，李小姐正要解释，王小姐和赵小姐两人走到跟前了，李小姐只好硬着头皮介绍："博士，赵小姐，你们今天初次见面，一定要好好聊聊。"博士脸上的笑容顿时凝固了。

博士好好打量了一番赵小姐，说是美女其实很勉强，赵小姐体重可能超标了，长相其实一般，只是跟旁边美貌的王小姐一比，差距尤其明显。

四人坐在一起吃饭，赵小姐很害羞，虽然是来跟博士相亲的，却一句话都不跟博士说，只跟王小姐和李小姐说话，博士起初看上的是王小姐，最后知道和自己相亲的是赵小姐，落差太大，心情也不好，两个主角都有气无力的，气氛相当沉闷。

博士首先坐不住了，借上卫生间的功夫，发短信给李小姐："说你有急事，快走。"

赵小姐浑然不觉，还在津津有味地吃饭，李小姐不好意思，没有理睬博士的短信。

一会儿，博士又发了第二个短信："说我有急事，快走。"

李小姐不好意思伤了密友的面子，什么也没说。

博士马上又发了第三条短信："说我家着火了，快走。"

李小姐什么也没说。

一会儿博士从卫生间回来，看了李小姐一眼，自己开口说："不好意思，刚接了电话，家里出事了，我得马上回去，你们先吃。账我马上去结了，你们慢慢吃。"

博士落荒而逃。

相亲提示：

（1）女生相亲，如果要带女伴，一定要带比自己丑的。虽然这么说有点对不起朋友的意思，但相信我，这是真理。

（2）女生相亲，最好能放开点，要大方得体，太过害羞，对男方一句话也不说，只能让男方落荒而逃，退避三舍。

（3）相亲前最好双方能看到彼此的照片，以免发生误会。

不管心里怎么想，都不能口无遮拦

都说冲动是魔鬼，很多人在相亲的时候经常压制不住自己内心的冲动，心直口快，张嘴就是表白，把自己心里的想法糊里糊涂地全部和盘托出，这样肯定会吓坏对方。

其实，相亲虽然固然需要诚意，但绝不能口无遮拦，因为祸从口出，有时候说错一句话，都会影响到相亲的成败，造成不可挽回的后果。

她跟他是朋友介绍的，朋友这样向她描绘他："身高1米85，35岁，成熟男人，长相一般，但是不丑，人很孝顺，在航空公司做部门经理，有车有房，收入不菲，发展前途一片光明，有好老公的潜质，要好好把握。"

她动心了，虽然自己还算美女，身材高挑，可她并不很挑剔男人的长相，只要他孝顺顾家、懂得关心自己就行了。

两人见面了，两次之后，她还没有下决心要跟他在一起，所以叫了闺蜜帮她参考把关，三个人一起吃饭，他主动点了对女人很滋补的菜肴，还有滋阴养颜汤，席间殷勤备至，她把一切都看在眼里，心里暖暖的，觉得他很体贴。吃完饭，三个人一起去唱KTV，她虽然不是麦霸，可是也很爱唱，他很贴心地为她和闺蜜点了很多歌，自己则在一旁陪着。

闺蜜对她说："这样的好男人你还犹豫什么？好好把握吧，希望这次你们能成了。"她很开心，决定和他认真交往。之后他去外地出差，两人一直用短信联系，从不间断，偶尔打个电话，聊得也很开心。

他出差回来后，带她去公司，参观了他的办公室，还见了同事，并跟同事一起吃了饭，饭后他又带她去见了很多好朋友，在一起聚会。朋友们都赞他们两人很般配，还夸她漂亮，两人都很开心。

之后他开车送她回去，到家门口了，他轻轻地握住她的手，真诚地说："我喜欢你，喜欢你待人接物落落大方，喜欢你对人彬彬有礼。"

她说："我也喜欢你，我们结婚后，一定会很美满的。我并不排斥你长期出差，你可以好好用心工作，只要你在工作上努力上进，我们也不必天天见面，人家都说小别胜新婚嘛！但是有一点，我很喜欢过二人世界，不喜欢跟长辈生活在一起。不过既然你跟你妈妈关系那么好，如果我们结婚了，你妈妈可以经常来看我们，这样可以吗？"

听完后他半天没有说话，她立刻后悔了。之后的几天，他都没联系她，只发了一条短信："我们还是不要再联系了。那晚听你说了对以后生活的安排，我回家好好想了想，考虑了很久，最终还是决定放弃了，我们在家庭生活观念上有很大的分歧，不适合继续下去了。"

原来他父亲早逝，他跟母亲的感情非常好，随着母亲年岁增大，他非常想以后跟母亲生活在一起，好好照顾她。那晚听她说以后不希望跟婆婆生活在一起，心里就打退堂鼓了。

她试着挽回，还亲自做汤送去他的办公室，可是一切都结束了。那晚她的口无遮拦让原本完美的相亲走进了死胡同。

祸从口出，相亲的双方都是很敏感的，一个小细节就能让一切努力都白费，更别说口无遮拦把一切想法都和盘托出了。再亲密的两个人也会有想法上的分歧，相亲时对方看到的小分歧，会被放大镜无限放大。

其实很多人都知道口无遮拦不好，可在相亲的时候还是会经常管不好自己的嘴巴，说着说着就控制不住了。

举个例子，有很多男士在相亲的时候会大谈自己的工作，谈到得意处就口若悬河了，或者大谈自己怀才不遇，挫折不断，说着说着又会勾起很多伤心往事，滔滔不绝地任由自己的“伤心事”泛滥，或者还有人特别喜欢谈论自己的父母，大谈特谈，或者说自己的父母位高权重有权有势，或者说父母无能，还有男士喜欢谈自己的恋爱史，试问，有那一个女士会喜欢谈论这些话题呢？既然女生不喜欢这些话题，那你为什么还要说个不停呢？

同样，很多相亲女生特别喜欢谈论偶像剧、化妆、美容、八卦等话题，乐此不疲，男士在一般情况下是不会喜欢谈论这些话题的，听多了会觉得烦，忍耐过了极限会找借口抽身离开，相亲自然成不了。

口无遮拦有两大坏处：第一是祸从口出，暴露自己的弱点和缺点；第二是容易让人烦，你在一个对方不喜欢的话题上停留太久，就会让对方烦，即使对方对你的相貌满意，也会给你扣分。

所以，相亲的时候，说话的分寸很重要。不能说太多，容易误解，也不能说太少，容易冷场，要把握好说话的分寸。

怎么避免口无遮拦呢？要注意以下两点：

第一，说话的时候眼观六路。一般情况下，人的脸都是心情的指示灯晴雨表，生气的时候脸色会发紫，羞涩的时候脸色发红，无所事事的时候脸色会无所谓，很有兴致的时候脸上会有神采，无聊的时候会哈欠连连、双目失神，一切的一切都会在脸上表示出来，所以，在说话的时候，要多注意对方脸上的表情，如果对方全神贯注精神集中在听你讲，脸上很有神采，那你可以继续讲，如果对方双目失神、无精打采，那明显就是对你的话题不感兴趣，你就赶紧停止说话，或者改变话题吧。

第二，说话的时候耳听八方，注意倾听。倾听是一种美德，每个人都喜欢自己说话的时候别人能好好倾听。相亲时，对方说话的时候你最好不要随便插嘴，注意倾听，在倾听的过程中你能了解对方的兴趣爱好和最喜欢的话题，你能逐渐了解对方的想法和对问题的态度，这会有助于你们双方的交流，能更快地让你得到对方的认同；相反，如果你不注意倾听，随便插嘴，不但会让对方觉得你不礼貌不够尊重对方，也会让自己口无遮拦、祸从口出！

细节决定成败，别让小事影响相亲

相亲时有很多小细节需要双方注意，下面我们简单介绍几种：

1. 没做好相亲准备

女：我还没做好准备，我现在还不想结婚，也不想谈恋爱。

男：你可以走了。

女：什么意思？

男：你什么时候做好准备，什么时候再联系我。

相亲提示：

最好先做好相亲的准备工作，再来相亲；没有准备，会遭遇尴尬。

2. 独自相亲

女：我有个同学，她说她今天陪我来的，她今天有事，我们改天好不好？

男：不用改天了。

女：什么意思？

男：是你来相亲，不是她。如果没了她，你就不是你，那我建议你和她结婚好了。

相亲提示：

你要记住，相亲的时候，你才是主角。

3. 坦诚相见

女：我对你没有感觉。

男：好的，你可以走了。

女：你怎么说话的？

男：我喜欢直接的人，你直接告诉我你的感受，那我也直接告诉你我的感受。

女：你好小气。

男：这叫宾主双方坦诚交换意见。

相亲提示：

坦诚相见是对的，但是完全可以用委婉的方式来表达。做不成恋人，也应该顾及对方的面子。

4. 相亲还是吃饭

女：我告诉你我今天来就是吃饭而已，别的不谈。

男：那你可以走了。

女：你……

男：吃饭只是手段，目的是为了增加了解，增进感情，要是你来这里只为了吃饭，那你可以去食堂，去那里吃饭更舒坦。

相亲提示：

要把握好主次，相亲不是吃饭，相亲是为了结婚。

5. 尊重与爱好

女：我不喜欢打球啊，打球好无聊啊。

男：那你可以走了。

女：你这人怎么这样！

男：我没必要照顾你的爱好，如果你不照顾我的爱好的话。

相亲提示：

请尊重对方的爱好。

6. 初次相亲的表白

女：你好厉害哦，我好喜欢你。

男：我哪里厉害？举个例子？

女：这个……这个……

男：你可以走了。等想明白我哪里厉害，你可以再打电话告诉我。

相亲提示：

相亲切忌随便表白，尤其是在初次见面的时候。

7. 见面时的抱怨

女：我很忙啊，改天好不好？

男：不用改了。

女：怎么了？

男：把你的时间留给你觉得重要的人吧。

相亲提示：

如果你真的很忙，最好在见面之前就提出来，而不要等到见面之后再说。

8. 叫他给你买一件

女：××给他的女朋友买了件好看的衣服，我也想要。

男：我给你个建议。

女：说吧。

男：去当××的女朋友，叫他给你买一件。

相亲提示：

在没有最终确定婚姻关系前，最好不要向对方索要任何东西。

9. 相亲迟到之后的道歉

女：我知道我迟到了，但这件事情我已经说过SORRY了，你还想要怎么样？

男：你没必要道歉，真的，如果这就是你道歉的态度的话。

相亲提示：

相亲时最好不要迟到，迟到了道歉要诚恳。

10. 你爸爸可不可以走开

女：你可不可以叫你爸爸走开啊，我觉得好紧张啊。

男：不好意思，恐怕他不会走开啊。

女：那怎么办哦？

男：要不这样吧，你走开如何？这样我们都轻松了。

相亲提示：

任何时候，一定记得尊重长辈。

11. 来两碗咖啡

她和他走进一间西餐厅，气氛很和谐。

他：你想喝什么？

她：咖啡。

他（大声）：服务员，来两碗咖啡！

她脸色涨红，在黑夜里可以被当成红灯。

相亲提示：

在优雅的场所里，千万不要表现得像个绿林好汉。

12. 我已经站起来了啊

介绍人：他一切都好，就是身高不够。

她：没关系，不太离谱就行。

她走进餐厅，他坐在座位上跟她打招呼。

他很阳光，风趣幽默，学识渊博，还很体贴人。空调风大，她抱起胳膊，他就知道什么意思了，马上叫来服务员调高温度。

她非常满意。

两人准备离开，她站起来了，他还坐着。

她：走吧。

他：走啊。

她：那你还坐着干什么？

他：我只能这样子啊！

她顿时无语。原来他坐着轮椅。

相亲提示：

见面前最好向介绍人问清楚对方的基本情况。

相亲迷局，这些问题你想明白了吗

感情重要？还是物质条件重要？相亲的决定因素是什么？

门当户对算不算无理的要求？相亲的关键是什么？我该不该挑剔？

我可以把她当备胎吗？会不会永远都没有感觉？

家里人有不同意见怎么办？打电话不接怎么办？

相亲多久可以牵手？我不帅（不漂亮）怎么办？学历问题重要吗？

…………

面对相亲迷局，你会迷路，你会疑惑，你也会不知所措，因为有一箩筐的问题在困扰你，怎么办？怎么办？怎么办？

这里有24个相亲迷局，将答案一一告诉你。

这是很多女士都会遇到的问题。

这是一个人的社会，感情是必不可少的，没有感情就形同路人，更别说一起结婚组建家庭了。

有的人认为，现在都什么年代了，真爱是奢求，如果要结婚，找个条件不错的人在一起就行了，谈得还行就结婚吧；相亲的时候，追求感情，在做最终决定的时候，再把物质条件考虑在内，不过只要满足你的条件就好，不要超出太多，高出你的条件太多，你会消化不良的。

1. 门当户对算不算无理要求

门当户对，旧时指男女双方的社会地位和经济情况大体相当，结亲很适合。

很多人都觉得门当户对是封建婚姻的弊病，是陋习，不过这些年很多人都逐渐改变了对门当户对的不当看法。

恋爱是两个人的事情，但婚姻是两个家庭的事情。两个家庭如果有相近的生活习惯，对现实事物的看法相近，生活中才会有更多的共同语言，才会有共同的快乐，才会保持更长久的彼此欣赏，也才会让婚姻保持持久的生命力。

近年在报纸电视和网络上总会看到这样的案例：男女双方结婚之后，夫妻感情很好，可是由于双方父母的介入，导致整天争吵不断，尤其是婆媳矛盾最为常见，因为这类问题最后离婚的例子也有很多。前不久甚至还出现了北大教授和岳父发生矛盾、对簿公堂的事情。因此，我们才说，婚姻不仅是两个人的事情，更是两个家庭的事情。

门当户对不但不能算做无理的要求，反而是婚姻长久的保证。

所以，在相亲的时候，门当户对是一个需要考虑的条件。

2. 家里人有不同意见怎么办

在相亲中，找不到合适的人很痛苦，找到合适的人，如果得不到家

人的认同和理解，也很痛苦。

首先我们要明白的一点是，家人是自己最亲的亲人，无论如何都是从最关切的角度考虑，希望你过得有保障。而且在感情和婚姻方面，父母也应有一定的发言权。虽然有时候父母家人貌似会有些不通人情，可都是为了你好。

遇到这种情况，千万不能一意孤行，这样只会让自己的家庭不合，为了组建新家庭而和家人闹翻甚至断绝关系，显然太不理智。对于父母的意见，要尽量考虑，双方好好沟通，在必要的时候，可以把你看中的人叫到家里，开一次三方会议。

父母爱子女，这是人之常情，相信经过沟通，情况也许会有变化。

3. 会永远都没有感觉吗

相亲次数太多，或者觉得自己曾经真正爱过别人的人，都会在相亲的时候问这个问题，遇到条件优秀的对象，却找不到爱的感觉，舍不得放弃，又害怕结婚后会一辈子没感觉。

其实，相亲的时候找不到感觉，很多时候都是因为自己爱无能，曾经因为爱受过的创伤，不会再轻易去爱，因为不想再让自己受伤，所以才不会轻易卸下防备，去大胆去爱一个人。

很多欢喜冤家都是一开始没有感觉，甚至彼此讨厌，等慢慢彼此有了一些了解，会感觉对方原来很不错，慢慢爱上了对方。这是自然而然发生的感情，如果你主动去爱，主动去了解对方的世界，你会很快爱上对方。

相亲的心态很重要，相亲的成功需要两颗真诚的心共同努力，冷静地做出决定。感觉是你愿不愿意的问题，而不是有没有的问题。放下包袱，勇敢地去爱，很快会有感觉。

古时候指腹为婚，媒妁之言，很多夫妻婚前都没见过面，可大多数一生都过得很幸福，这是已经被事实证明了的。

4. 如何面对“过去”

谈过感情，心里会有位置留给曾经，相亲的时候如果找到了合适的人，准备一起走进婚姻的殿堂，该如何面对过去和曾经的感情呢？

尤其是女士，和曾经的旧爱发生过性关系，已非处女，害怕担心“过去”会影响到自己的婚姻，很多人都会后悔。

其实，过去就是过去，已经过去了就勇敢去放弃，甚至可以尝试着去忘却。婚姻意味着一个新的开始，你将开始一段新的人生旅程，带着包袱上路，肯定会走得沉重。

为了不沉重，双方在婚前最好坦诚，真诚地进行一次推心置腹的交流，然后再做最后决定。

如果真心爱你，真心想跟你组建家庭，肯定不会在乎你的过去。

如果你是女士，担心他有处女情结，那也要告诉他，如果他始终想不开，心里会有阴影，那就勇敢放手吧，人生有很多选择，不必强迫自己，也不要强迫他。

坦然面对，就让往事随风而去，毕竟，过去已经过去了，你要的是今天和明天。

5. 我应该主动吗

其实所谓相亲，只是指第一次见面认识的过程，之后的发展就全在于自己了。主动一点，成功的机率会很高。

男士不要太羞涩，女士不要太矜持，觉得可以发展，就主动去联系对方。不要让自己遗憾，也不要等待太久，毕竟幸福要自己掌舵，别人掌舵的是别人的幸福。

你主动了，相亲成了，皆大欢喜，如果没成，至少你努力了，尝试了，心里也不会后悔遗憾。

都说异性相吸，这个吸引要成功，要有一个前提，那就是一方主动，如果没有人主动，再吸引再有感觉也很难成功。

人与人最需要沟通，尤其是异性之间，本来就有很大的差异性，如果再缺乏沟通的话，根本就无法相互了解。

你在犹豫着要不要再约他（她）的同时，他（她）可能也在犹豫着要不要约你，所以，有时候不是对方冷漠，只是都太矜持，关键是谁先去打破坚冰。

如果第一次见面不反感，大可大方地去约见第二次。

女士矜持，男士要主动，如果男士不主动，为了幸福，女士也需要放下矜持，主动去追求。

如果对方说NO，或者说得很含蓄，那你考虑一下就可以放弃了。如果对方答应，你也不能太过主动，整天电话粥煲个不停，谁都会腻的，甚至会反感。

如果觉得合适就主动点，不合适主动也没用。

6. 相亲可以挑剔吗

相亲要挑剔，因为涉及的是终身大事，关乎一辈子的幸福。相亲的中心是你自己，不是同事的调侃，也不是爸妈担心的眼神，结婚也不是为了炫耀。

也许有的人会对你说：“年纪也不小了，赶紧找个人嫁了算了，别那么挑剔，人都一个样。”话是这样说，但到自己身上，没人不挑剔，不管是男的，还是女的，嘴上说不挑剔，实则口是心非。

相亲是一辈子的事情，挑剔是对自己负责。相亲不是随便的事，结婚更不能随便对待，相亲不是为了凑合，而是为了活得更好，为了享受幸福的婚姻生活。

相亲要挑剔，随随便便怎么能幸福呢?

为了婚姻幸福，挑剔无可厚非。

不过，任何事情都有一个限度，挑剔也不能太过了。比如有些人对另一半的长相很在意，其实这只是为了装饰门面，太多的顾及别人的看法，但幸福是你的，你自己能享受得到就行了，如果这个挑剔里面掺杂了太多别人的看法，这样的挑剔就太不应该了。

没有十全十美的人，人都会有缺点，关键是想清楚自己要的是什么，是要真正的幸福，还是为了装饰门面给别人看。

举个例子，我有个女性朋友，周围的闺蜜都建议她找一个帅气的男人，她就把帅气作为标准去挑老公，结果很受打击。过了一段时间，她总结经验，长相并不重要，关键是要对自己好，她调整了一下自己挑剔的条件，找到了一个长得一般的老公，但对她特别好，尽管别人说丑，但她却不在意，因为她在幸福中。

挑剔可以，关键是想清楚自己要的是什么，真正要挑剔的条件和标准是什么，想清楚了，就大胆去挑剔吧。

7. 相亲的关键是什么

可以肯定的答复：相亲最关键的是一定要有共同话题。

不要把相亲的关键看成是虚无缥缈的感觉，感觉是很重要，可感觉就像新鲜感一样，能经得起婚后柴米油盐的考验吗？感情婚姻是个大命题，要感性，更要理性，理性不是要看金钱房车等硬件，而是要看共同话题。

共同话题决定相亲成败，决定婚后生活的幸福指数，决定生活质量。当然了，车房金钱也很重要，不过婚后你面对的是另一半，而不是车房和金钱，你愿意和另一半一起愉悦地聊天交流，还是愿意对着冷冰冰的车子房子发呆？答案很明显。

这个共同话题包括很多，电影，音乐，兴趣爱好都有，不过这些都不是最主要的，最主要的是你说的她（他）感兴趣，她（他）说的，你喜欢听，或者愿意听，如果有这样的感觉，那就是有共同话题，所以这个共同话题更多的是在交流层面能够互相理解。

如果你说了一大堆笑话给她（他）听，她（他）却一点都不觉的好笑，或者你说了大半天，她（他）根本没听，或者没听懂你的意思，那就是没有共同话题。

再说一遍，相亲的关键，是一定要有共同话题。

8. 对对方有什么要求

既然是相亲，那绝对避免不了谈到双方的条件，比如身高、学历、家庭状况、经济状况和工作，这是一些值得认真考虑的问题，虽然很现实，但是请不要回避。

不要要求太高，想想自己的底线，如果实在没有头绪，先相几次亲，你肯定会深有体会，即使不知道自己要什么，也会知道自己不要什么，等明确了自己不要什么，你就知道自己要什么了。

这句话虽然说得有些拗口，但绝对是真理。

对对方有什么要求，其实都在你的心里，找出来，明确了，你的相亲之路会很好走。

千万不能出现下面这种情况：

介绍人："给你找个女朋友，有啥条件没？"

他："能喘气就行。"

9. 相亲可不可以玩暧昧

相亲目标明确，千万不能玩暧昧，至少不能长期玩暧昧。虽然婚姻的决定不能太草率就决定，可也不能一直都拖着，因为拖着的不只是你一个人，当然，如果拖着，你也会被耽误。

有一个很好判断的标准，前面也说到了，就是有没有共同话题。如果有共同话题，你也有意跟她（他）继续相处，那就表明态度，不要继续暧昧了，如果觉得不合适，那就大胆地告诉对方："我们不合适，希望你能很快找到幸福。"最好能早点告诉对方这句话。

当然，结束暧昧最好的一句话希望是："我愿意，我们结婚吧。"

10. 第一次去对方家里应该注意哪些问题

穿着：不要穿得太夸张，衣服要干净，女生裙子别太短，耳环和衣着打扮都别太夸张，男生别太嘻哈，99%的家长应该都不会喜欢嘻哈风格的女婿，或者性感前卫的媳妇。

谈吐：要有礼貌，说话不要太快，语速平稳，自然一点，父母都喜欢乖乖的孩子。

举止：女生要淑女一点，不要鲁莽了。至于怎么个“淑女”法，也没有固定标准，但至少不能像猴子一样，淑女有一个总的标准叫做文静；男生要稳重，不要毛手毛脚的，如果你不知道怎么稳重，那就把节奏适当放慢一些（当然这条不适合平时节奏已经很慢的人）。

礼物：可以送果篮，谁都喜欢。

聊天话题：至于聊什么你根本就不用担心，对方父母会问你很多的，只要不是答非所问就行了。

吃饭礼仪： 首先应该由长辈们先动筷你再动，然后吃相不要太夸张，最重要的是千万不要吃得满桌子一片狼藉。

由于是第一次去别人家，洗碗就不必了，可以客气一下，但可以帮忙整理一下饭后桌子上的东西，帮着递碗、擦桌子、换桌布之类的事情。

11. 第一次见面感觉不好该怎么办

对每个相亲的对象都要尊重，就算不能在一起，又何苦背后挖苦人家一番呢？大家都在相亲路上苦苦寻觅，要互相理解。

如果确实觉得不合适，就不要勉强自己，而且硬把别人晾在那儿不表态是很不好的。没机会，又何苦拖着别人呢，大家时间宝贵，不要沉默，也别太直白，可以发短信说明情况，短信里面除了不合适的意思之外，还要鼓励对方早日找到幸福。

12. 小细节表明对方的态度

女人的心思很难猜，男人很多时候也会犹豫不决，那如何知道别人的态度呢？有以下几种情况：

没时间见面更多的时候只是个借口

如果两个人是互相喜欢的，再忙也是能抽出时间见面，一次忙可能是事实，两次忙就是借口了，只能说明对方对你没兴趣。试想一下，人家在两个城市里的人，都想尽办法见面，一个城市里的人，居然一个月都无法见面，肯定是人为因素。遇到这种情况，要平和心态，早点放弃。

对方主动发短信过来

遇到这种情况基本上对你是有利的，对你没兴趣就不会理你，更别说发短信了。但是这种情况也并不意味着你有多少胜算，只能说对方不讨厌你。所以，要再接再厉，继续努力，合适的时候可以探探对方的口风，比如约出来散步逛公园，等等。如果对方能主动约你出去，那就是很有戏了，可以进入表白的阶段了。

几天不联系，或者发了个短信对方半天不理

这种情况对方肯定是有些讨厌你，不过为了保险起见，还是最好先向对方问清态度，看看对方有没有诚意和自己相处，然后提出自己的要求，如果有推脱或应付的嫌疑，建议及时抽身撤离。

13. 最开始怎么相处

平和的心态最重要，不能太急！

如果见了几面之后彼此都感觉不错，都有那种想要相处下去的意愿的话，那就说明第一步成功了。

如果你是男士，而且性格开朗，就要和女方多多联系，尽量表现出自己的幽默和乐观，让对方觉得你很好相处，但千万不要做个话痨。保持每天都有联系，有基本的关心就行了，如果女方都很积极地回应你，那么就说明她是很有意愿和你相处的。如果不是很积极，也不要着急生气，这时候可以通过介绍人打听打听情况，这样会节省很多心力。

如果男士的性格很内向，话也不多，双方彼此都有好感，女方可以适当主动寻找话题，如果这个男人积极迎合你，在有时间的情况下又约你出去吃饭之类的，那么这个男人可以继续相处下去。碰见这样的男人，女方就不需要太过矜持了，尽可能地大大方方和他相处，也许要不了多久，这个内向的男人就会被你大大方方的性格所影响，也会慢慢变得主动起来。

14. 我可以把他当备胎吗

如果不想成为别人的备胎，就不要随便把别人当备胎，虽然说不能见一次面就确定对方是适合自己，多见几个候选者也无可厚非，但是在多见几个相亲对象之后，一个人的心理往往会变得非常复杂，不知道选哪个好是最常见的问题了。

这时一定要清楚，人无完人，即使看起来再完美的人都有不如自己意的地方，谁敢说自己会让别人挑不出来任何毛病？见多了，各种各样的毛病就都出来了，似乎都不满意又都不好放弃，这样何必呢？除了给自己找麻烦外，没有任何的好处。

己所不欲，勿施于人，当你见一个人之后感觉还想再了解了解的时候，就请专心相处，可以自己定个了解的期限，如果实在不合适，相处不下去了，也不要用他做备胎，最好能明确的告知对方你的态度。

15. 面对猜忌和赌气，我该怎么办

在相处的过程中，不管是男人还是女人似乎都免不了猜忌与赌气。当他该打来电话或发来短信的时候却没任何动静，当她不冷不热地回复你的短信，你都会胡思乱想，猜疑，甚至大动肝火。

最简单直接的办法就是直接打电话过去，抛开所谓的矜持与心结，才能得到最直接的结果。

16. 关于相处中的脸面问题

在相处中，不管是男人还是女人都有脸皮薄的时候。

男人脸皮薄是因为怕遭到女人的拒绝，让自己难堪；女人脸皮薄是

因为怕被男人看穿自己的心思，然后处于下风，害怕以后被男人牵着鼻子走。

其实完全没必要顾及那么多，有句话说得好，“天下本无事，庸人自扰之”，前怕狼后怕虎，就会固步自封。很多烦恼与误会都是因为自己无端地猜疑出来的，只有自己勇敢去证实，才能知道对方是不是真的诚心想和自己相处。如果对方是诚心的，你就把自己的一些要求说出来，让对方知道你的要求；如果不是诚心的话，则立即抽身撤离。

面子重要，青春更重要，不要为脸皮和面子，耽误了自己的青春。

17. 发生小摩擦和小别扭怎么办

两个人之间会有很多的不同，性格会不同，习惯会不同，所以发生小摩擦小别扭在所难免，那发生摩擦和别扭了该怎么办呢？

要冷静、大度。恩爱的夫妻也会发生摩擦，但他们会用很好的方式去处理摩擦。

如果相亲中两人发生小误会，有摩擦了，谁也不认错，那对双方都没好处，你要首先在自己身上找问题，找到问题所在，就会发现原来都是一些不值得计较的小问题，既然是小问题，那就不要计较了，表现出大度，对方反而会更容易接受你。

经历过磨合期之后，一切都会水到渠成。

18. 对方不接电话怎么办

如果一次不接，可以过一会再打第二次，第二次不接就不要再打了，然后你要做的就是静观其变。

如果是对方有事没接到电话，看见记录肯定会回打过来。

要是对方对你没兴趣，故意不接，就不会有任何动静了。

如果到了第二天第三天还是没任何动静，可以再打个电话试探一下，如果还不接电话，你也就不用再打了，因为明显是对方在回避你。你也不用找介绍人了，找也没用，因为对方对你没兴趣，那就一切都没戏。

19. 相亲多久可以牵手

最好前两次见面都不要牵手。

如果接下来双方相处很好，有一些亲密的感觉了，你可以试着去牵手，当然，最好是装作无意间碰到的，如果对方不拒绝，那就可以牵手了。

一般牵手要男的主动，女人即使想牵手，也会犹豫不决，因为矜持是女人的天性，当然，也有例外，比如她走累了，要你拉着走，或者坐在地上要你拉她起来，那你就别再犹豫了。

最好还是不要太早牵手，发生肢体接触还是等一切都定下来后再进行，肢体接触不能太草率了，在这些事情上男女双方都挺在意的，都不想给对方留下自己很随便的印象。

20. 相亲时对方老迟到，怎么办

一次迟到解释了理由就应该接受，否则会给人过分苛刻的印象，但如果一而再、再而三的迟到，那就不可接受了。

一个成年人，一个没有时间概念的成年人是很不成熟的，不适合结婚，建议趁早放弃。

如果你很喜欢对方，那可以明确地告知对方，等对方出门了自己再出门不迟。

屡次迟到是不可原谅的。

21. 我长得不漂亮（不帅）怎么办

这个大可不必担心，上天是公平的，美女帅哥只是极少数，要相亲就先放下这个偏见，情人眼里出西施，你一定能在相亲过程中找到喜欢你的人。

如果对自己很不满意，那就要培养自信了，也要注意穿衣打扮，毕竟人靠衣装。

有一点必须说明，人的魅力不完全是由长相决定的，完全可以通过其他方面来弥补。

金童玉女的搭配很少，不是所有男人都喜欢美女，也不是所有女人都喜欢帅哥，至少这个观点在婚姻上是成立的，所以不要自卑，放下心里的包袱，勇敢追求最重要。

还有一点不要忘了，微笑的人永远最美，记得相亲的时候多多微笑，印象会加分。

22. 相亲后发短信有技巧吗

最大的技巧是不要招人烦，也不要冷落到对方，像“吃过饭了吗？”这样的短信完全可以不发。男生可以适当地关心一下对方，比如天气冷，你可以发短信：“今天天气冷，要多穿点衣服，小心着凉。”

还有一个技巧就是在短信中不要总是问问题，没有人喜欢被别人问来问去的。

一天发两三条短信最好。

23. 怎样聊天效果好

两个目标明确的人走在一起相亲，当然不能像普通朋友那样随便聊天了，要讲究技巧。

第一，谈对方关心的问题。对方到底关心什么问题，这个要你去仔细观察，也可以去试探，一般而言，谈对方的工作是很好的选择。

第二，适当地准备一些健康的笑话。没有人拒绝健康的笑话，听到笑话，对方势必会开心地笑起来，笑了自然心情好，两人聊天也会有更多的话题。

第三，不要谈感情经历，说感情经历，势必会引起伤心往事，会使对方情绪低落，甚至陷入沉默。

第四，适当地夸奖对方。如果是男士，可夸奖女士的衣服漂亮，没有人会拒绝异性的夸奖的，但要适可而止，不要用花言巧语和甜言蜜语。

24. 相亲时学历问题重要吗

这个因人而异，有些男人不喜欢自己的老婆比自己学历高，有些女人喜欢老公比自己更厉害。对这些男女来说，学历是极其重要的，学历在他们看来代表了对方的能力。

婚姻讲究门当户对，一般来说，男女双方在学历上不能差距太大，因为学历代表的是一个人的受教育程度，如果差距太大，双方交流起来会有困难。

当然如果双方沟通没问题，两个人又都不太看重学历，学历问题就不怎么重要了。

第六章

精挑细选，相亲要学会取舍

鱼与熊掌，有舍有得，舍得之间，有取舍的法则。

贪婪的猴子抱着玉米走，看到桃子又大打又红，就扔了玉米摘了桃子，看到西瓜又大又圆，又扔了桃子摘西瓜，看到一只小兔子蹦蹦跳跳，就扔了西瓜追兔子，兔子跑进树林里不见了，贪婪的猴子两手空空，一无所得。

贪婪的结果是一无所有，要懂得舍得的学问，学会取舍。

相亲，会遇到很多人，取什么舍什么，怎么取舍，这里有取舍的案例，让你学会相亲中的取舍法则，做出适合自己的选择！

千万别凑合，也万万别错过

十年修得同船渡，百年修得共枕眠，婚姻的缘分是很难得的，在相亲的时候，如果遇到合适的对象，千万不能错过，尤其在现今的相亲大军中，女士远远多于男士，如果遇到好男人，就要抓住，不要轻易放手。

好男人永远都是稀缺商品，碰上的概率不是特别高，为了让你能在相亲中抓住好男人，最好在平时就做好心理准备，不要在碰到好男人的时候犹豫不决，或者拿“不想结婚”之类的借口来搪塞。

她正在忙着修电脑，突然手机响了，拿过手机，原来是妈妈打过来的，她接通电话，另一边传来妈妈的声音：“赶紧换衣服，好好准备，我马上就回家了，你陪我出去一趟。”

她换了衣服，在家里等妈妈回来，脑子里在想一会儿陪妈妈出去到底是什么事情。

妈妈回来了，看到她就是一通教训："让你换衣服，你穿的是什么衣服啊，去，换一套正式的衣服。"

她问："都晚上了，穿那么正式干什么啊？"

妈妈说："相亲！人家都安排好了，你还等什么呢，赶快去换衣服啊。"

她换好衣服，跟妈妈上车，去男方家里相亲。

下车，敲门，她很好奇，猜想着对方长什么样，门开了，她走进去，一眼就看到了一个挺拔的身影，穿一身蓝色的海军制服，身材高大，皮肤干净，浓眉大眼，很有男人味，又不显粗糙。她注意到了两个细节，他的手指洁净修长，鞋子很干净，而且鞋带也系得很漂亮。

她对自己看到的结果很满意。

双方寒暄了一小会儿，家长让两人去里屋单独聊一聊，他很绅士，侧着身子让她先进去。

两人单独待在里面，她有些自惭形秽了，不知道相亲的对象这么优秀，早知道就肯定好好梳洗打扮一番了。他说话很有分寸，有条不紊，说了几句，她就放松下来了，介绍了自己的情况，说得比较详细，还告诉他自己的职业：自由作家。

他挺佩服的，说："很不错，一般做自由职业的，能力都是很出众的。"

她沾沾自喜，想着他的优秀，脸上渐渐热了起来，这时才想起进门后一直没脱外套，连忙说："不好意思，有点热。"

她脱掉外套，脸红红的。

他温柔地笑了笑，跟她简略讲了自己的军旅生活和毕业院校。

时间不早了，他郑重地问她："我记得你刚进门的时候说，你不怎么喜欢相亲？"

她没有思考，心直口快地告诉他："是啊，完全非我所愿，是老妈强逼我来的。"

他问："为什么？"

她说："说实话吧，我还没有认真想过结婚生子的生活，其实现在这样子，一个人挺好的。自由自在，无忧无虑。"

他笑了笑，又问她："那你一定喜欢四处流浪的生活了？"

她憨憨地说："一点都不喜欢，因为我很懒。"

他微笑："三毛应该是你的偶像吧？"

他的笑容很迷人，很让她放松，不由妙语连珠："No，不过三毛的稿费是我的偶像。"

说完两人都乐了。

时候差不多了，他送她回去，临走前，他夸她说："你个子挺高，身材很好，现在像你这样高的女孩子可不多见。"

她开开心心地回家了，临走看到他挺拔的身姿，竟然有点恋恋不舍。

回家后妈妈问她情况，她只知道自己对他很满意，其他情况一概不知，把妈妈气个半死。

第二天，介绍的阿姨打电话过来，说："他对你挺满意的，你这边怎么样啊？"

她说："他很好，可是我现在还不想结婚呢！"

从此，介绍的阿姨再没打来电话。

半年后，她厌倦了一个人的日子，正式走上了相亲大道，在屡次相亲都找不到合适对象，每当此时，她都会想起他，很遗憾当时自己的冲动，没能把他抓住。

相亲提示：

在自己不想立刻结束单身的时候，如果遇到合适的男士，最好能保持适当的联系，考虑清楚再做决定，免得日后后悔。

相亲的关键字在"相"，对于女性来说，如何相到好男人是需要技巧的，遇到好男人要慧眼识珠，抓住好男人也需要技巧，不过其中最大的技巧是去掉飘忽不定的借口，踏踏实实地把好男人抓在手里。借口太

多，理由太多，往往会毁掉相亲的好机会。

她几次相亲不成，决定在网络上寻找优秀男士。

在她看来，网络相亲至少有两大好处：第一，资源多；第二，网络上大都是年轻人，共同话题可能更多，也能避免普通相亲跟对方家长四目相对的尴尬。

她在网络上潜伏了一段时间，找了几个貌似条件不错的"潜质对象"，交换QQ，通过聊天进行先期了解。

她遇到一个大学英语老师，两人年龄相当，聊天的时候，她也能感觉到他人很不错，温文尔雅，还很聪明。

两人聊了一段时间后，终于约出来见面了，不管聊得怎么样，最后还是要见面的啊！

两人约在肯德基见面，他先到了，发短信通知她。一会儿两人就见面了，她上下打量，人还不错，至少跟想象里差距不大。

他很体贴，给她点了果汁，两人一起聊天。

他看着她说："你挺可爱的，我喜欢像你这样可爱的女生。"

她和他在一起很放松，张口就来："就是有些太胖了，从小到大一直哭喊着要减肥，减到现在还是这个样子，以后不知道会是什么样子，不过有一点可以肯定，绝对做不了赵飞燕。"

她把他给逗乐了，气氛很轻松，他说："其实胖胖的很可爱，瘦骨嶙峋的才有碍观瞻。"

两人聊得很开心，他举止稳重，言谈之间透着温文尔雅。他觉得很满意，但她却觉得两人之间少了一些感觉，虽然她觉得他还算是一个很不错的人选。

他大方体贴，两人吃了愉快的一餐，是他抢着结账的。

吃完饭，两人一边散步一边聊天，他突然脸色很红，对她说："我觉得我们挺合适的，有时间再请你出来吧。"

她总觉得没有那种相爱的感觉，思考了一下，说："好啊，有时间再一起出来走走。"

他可能有一见钟情的感觉，她却没有，第一次见面之后，他每天都会打电话发短信给她，她却因为没有感觉，一直支支吾吾的，不大热情。

他工作的学校在郊区，离她很远，不过他还是坐车两小时来找她，她妈妈看在眼里，知道男人用情至深，她婚后肯定会很幸福的，不过她却不能接受。

终于，她主动约他出来，第一句话就是："最近还好吧，我有一个好朋友，我看你们挺合适的，我介绍你们认识吧。"

他不说话，脸上表情惨淡，但强作镇静。

她说："其实，你人挺好的，只是我们不适合。"

他勉强笑笑："你真的想把我推出去吗？"

两人就这样结束了，他告诉她："谢谢你跟我说实话，不过我觉得真是太可惜了……"

她也觉得很可惜，心里纠结了好久。

其实，她跟他在一起时的放松就是一种幸福的感觉，只是她不知道。

爱情的感觉完全可以慢慢培养，很多时候，关心、呵护和体贴都会悄悄转化为爱，不过，你总得给爱成长的时间。

相亲提示：

爱的感觉是可以被培养出来的。感觉很重要，但它不是万能的，尤其是在婚姻里面。还有，不要一味地迷信感觉。

感觉是会骗人的。

两个本不相干的人奔赴一场媒人安排的约会。特定的时间，特定的地点，特定的两个人，在特定的人生阶段，体现出特定的经历。在相互躲闪的眼神中，却总是在搜寻一个确定的答案，这个谜底，可能就是一种感觉。

不过，感觉在很多时候都会欺骗人。

爱的感觉很复杂，很难以捉摸。相亲是一场拉锯战，相到不想放弃的人，如果没有感觉，就要慢慢培养感觉。因为，爱的感觉绝对不是初次见面时的冲动，或者一见钟情。那样的相亲即使成功，也很难维系，因为婚姻和幸福是要持续一辈子的，用一辈子完全可以培养爱的感觉，而那种一见钟情或者初次见面的感觉却很难维系一辈子。

这是一个关于爱的感觉和爱的真谛的故事。

16岁的郝思嘉青春美貌，系名门之后，身边经常围绕着一大堆她的崇拜者，渴望与她坠入爱河。不过，情窦初开的郝思嘉心里早已有人了，或者可以说，她自以为爱上了卫希礼，她一直喜欢卫希礼的绅士风度，她自以为她对卫希礼有感觉，爱的感觉。

在无意中，郝思嘉得知在第二天的野外宴会上，卫希礼将与媚兰订婚。得知这一消息，郝思嘉芳心大震，自己不管哪方面都比媚兰强出许多倍，为什么卫希礼不选择自己，却偏偏选择了不如自己的媚兰？她想不明白，不过，她心里并不惊慌，她想用自己的魅力说服卫希礼跟自己私奔，她相信自己能做到这一点。

第二天，郝思嘉并没有说服卫希礼跟自己私奔，一气之下，郝思嘉宣布要与媚兰的弟弟查尔斯结婚。

在当天的宴会上，郝思嘉第一次遇见瑞德，瑞德和她的父亲激烈争论，郝思嘉对瑞德的第一印象就是讨厌，根本没有一点感觉。

战争爆发了，查尔斯参战，不久病死在前方，郝思嘉变成了寡妇。

郝思嘉难以忍受寡妇的平淡生活，受媚兰的邀请，她来到亚特兰大。当地医院举行募捐舞会，郝思嘉被叫去帮忙。在舞会上，郝思嘉又一次见到瑞德，瑞德现在的身份是鼎鼎大名的商人，深受女士欢迎。不过在舞会上，瑞德偏偏邀请郝思嘉作他的舞伴。

不过，郝思嘉心里始终忘不了卫希礼。圣诞节前夕，卫希礼从前线回来，郝思嘉抓住机会，把自己和查尔斯结婚的真正原因告诉了卫希礼，并承认她依然爱着他，不过，卫希礼又一次拒绝了郝思嘉。

第二年年初，卫希礼失踪，媚兰和郝思嘉求助于瑞德，才知道卫希礼受伤被俘的事实。

瑞德爱上了郝思嘉，登门拜访，向她表白，遭到了郝思嘉的拒绝。兵临城下，瑞德用偷来的一辆破马车，设法把她和媚兰母子送出了城，趁夜赶往塔拉庄园。

经受战乱的重创，家庭的重担全落在郝思嘉的身上，此时，卫希礼回到家乡，郝思嘉一筹莫展，找到卫希礼寻求帮助，可是卫希礼软弱无能，一点也帮不上忙。郝思嘉突然想起了瑞德，可是瑞德此时被关在监狱里，她设计嫁给弗兰克。弗兰克没有经济头脑，郝思嘉整日操劳，瑞德出狱后，不但借钱给郝思嘉，还经常留在她身边帮助她，不过条件是要她嫁给他。

后来，弗兰克意外死亡，郝思嘉又恢复单身，瑞德真诚求婚，因为他借钱给自己的缘故，郝思嘉兑现承诺，和瑞德结婚。不过此时她对瑞德并没有感觉，她的心里仍然装着卫希礼。

瑞德和郝思嘉在新奥尔良度过了蜜月，两人的新居落成，是亚特兰大最豪华的住宅。对于郝思嘉来说，瑞德让她实现了她在塔拉庄园时的理想。她在物质上的任何要求，瑞德都给予极大的满足。不久，他们的女儿邦妮出生了。在邦妮身上瑞德几乎倾注了全部心血，瑞德是个好父亲。

虽然家庭和谐，应有尽有，郝思嘉对卫希礼仍然旧情难忘。一天晚上，在木材厂里，郝思嘉和卫希礼倾心交谈，两人抱在一起，这件事被瑞德知道了。

当晚，瑞德伤心之极，喝醉了酒。看着痛苦不堪的瑞德，郝思嘉才发现自己早已爱上了他。次日早晨，当郝思嘉醒来准备和瑞德重新开始的时候，瑞德却向她提出了离婚，并带着邦妮去了伦敦。

再后来，经不住对郝思嘉的思念，瑞德带着邦妮回来了，郝思嘉告诉瑞德她再次怀孕，但瑞德故意显得很冷漠。郝思嘉很生气地追打瑞德，不慎从楼梯摔落流产。

郝思嘉慢慢恢复了身体，瑞德准备与她重修旧好。这时两人四岁的女儿邦妮不幸夭折，瑞德倍受打击，整日酗酒，对待郝思嘉如同路人。

媚兰由于在怀孕期间过度操劳而病倒。临终前，媚兰要求郝思嘉帮助自己照顾卫希礼，并告诉她，瑞德很爱她。

媚兰不久于人世，卫希礼泪如雨下，而郝思嘉终于认识到原来她内心深处并不爱卫希礼，她真正爱的是瑞德。

郝思嘉跑回家，想跟瑞德重新开始，却发现瑞德正在收拾行李准备离开她，瑞德说，现在才想起挽救他们的婚姻已经为时已晚。

郝思嘉哀求瑞德不要离开她，并告诉瑞德，其实她一直爱的是瑞德，从来没有爱过卫希礼。

瑞德说："邦妮活着时，我们曾有机会复合，现在没有机会了。"

瑞德迈出大门，郝思嘉问："瑞德，如果你走了，我将去哪里？我该做什么？"

瑞德告诉郝思嘉："坦白讲，亲爱的，我一点儿也不在乎。"

郝思嘉站在台阶上，她告诉自己："总有一天我会让他回来的！毕竟，明天又是新的一天！"

这是《乱世佳人》的故事情节，被无数读者追捧，影响了几代人的爱情观。我想，相亲男女应该好好读一遍《乱世佳人》，因为《乱世佳人》教给广大女人一个大道理：感觉会骗人，要珍惜爱自己的好男人，不要被感觉蒙蔽了眼睛。

用相亲的观点来看，在《乱世佳人》中，无论郝思嘉如何任性骄纵、一意孤行，强悍且富有魅力的有钱男人——瑞德总是温暖地守护在她身边，任其嗔斥而不羞恼，可以说，嫁给瑞德，是郝思嘉最好的归宿，不过，郝思嘉的感觉欺骗了她，感觉让她错爱卫希礼，使她与幸福失之交臂。

爱是什么？爱情是什么？并没有明确的定义，感觉经常借着爱情的名义招摇撞骗，毁坏美好姻缘，相亲中的男女最好时刻都保持冷静的头脑，不要被"感觉"给欺骗了。

三秒就能定终身吗

研究人员对一家专业的婚介公司做了调查研究，研究发现，虽然婚介公司在安排相亲前做了充分的准备工作，对相亲者的期望和实际情况做了很详细的对比，确定相亲的两人般配之后才会做出决定，安排相亲，让两人见面，这种准备工作有时候会花费几天时间，最短也需要几小时，不过，在实际相亲的时候，不管两人的书面材料有多么般配，多数人在见面几秒钟之后就决定不再交往，并且女性做出决定的时间更短。

主持这一研究的，是宾夕法尼亚大学的助理教授库尔班，经过分析研究，他认为，相亲并不是游戏人间，在快速约会中，人们不是依照书面资料来判断，而是受到直觉驱使。他们从看到对方第一眼到形成最终判断，全部过程不过三秒左右，还来不及用金钱、权力等"势利"因素

做衡量。

这项研究还解开了一个谜题，尽管人们一向认为，男性挑选伴侣时更关注女方的外貌，但实验结果却正好相反，在要求参加测试者对约会对象进行魅力评分时，女性对于外表的要求竟然比男性更苛刻。这就意味着，相亲时，男性如果想在三秒钟内获得女性芳心，除了要准备好精彩的开场白，外表稳重、闪亮一些也非常重要。

相亲，寻找自己终身幸福的重大事情，竟然在短短的三秒钟时间内就会做出决定，你觉得荒唐吗？你觉得对自己负责吗？对自己终身大事做出决定的时间，还不如吃一次快餐的时间，更不如讲一个笑话的时间，用这么短的时间来决定自己的终生幸福，太感性了，不够理性，也不够理智。

无独有偶，英国BBC出品了一个节目，旨在揭示男性与女性之间的奥秘。这套节目不但有趣刺激，还富有娱乐性。这个节目有几个观点：

1. 男性与女性根本完全有别，而这种区别在人类诞生时就已注定。

2. 生理的性别与脑性别原来并不相同。

3. 男性只以三秒的时间寻找梦中人，而女性则可能用上三分钟。

4. 爱也有性别之分。

还有一种法则，是搭讪的法则，叫做“三秒钟法则”，意思是说，如果想要和看到的意中人交往，在三秒钟之内就必须出手，前去搭讪。这个搭讪法则的妙处在于，从看到对方，到出言搭讪，中间时间太短，不容搭讪者做出任何思考，不用瞻前顾后，也不会担心搭讪失败，从而能一鼓作气，勇往无前，达成目的，即使没有达到目的，搭讪，也不会给自己留下遗憾。

这个法则同样也适用于相亲。相亲的时候不要考虑太多，不要思前顾后，要勇敢地去交往，等交往一段时间，然后再做决定。这是改良后的三秒钟法则，用三秒钟去勇敢地交往，然后交往一段时间，再用理智做出决定，而不是“关键看有没有感觉”，这样才能避免那种盲目的感觉带你误入歧途。

她正在上班，突然接到妈妈打过来的电话，妈妈在电话里说：“晚上有一个男的来相亲，你看怎么样？”

她犹豫了一会儿，答复妈妈：“那就见见呗。”

其实，她心里挺矛盾的，她并不喜欢相亲这种方式，她身边有很多朋友就是通过相亲结婚的，虽然这些人婚后的生活也很美好，可她总觉得双方还没有来得及了解清楚就谈婚论嫁，似乎有些不合适。但是爸爸妈妈认为自由恋爱有自由恋爱的好处，相亲也有相亲的好处。更何况她的交际圈又很小，身边的人大都比自己小一点，而她又喜欢年长一点的男人。所以，父母认为相亲是适合她的方式。

晚上的相亲安排在八点，地点是她家里，男方比她大四岁，在小公司做职员。

八点了，他和媒人准时到来。

他留给她的第一印象是皮肤黑黑的，胖胖的，个子一般。她拉爸爸坐在边上，让爸爸压阵，这样她心里能踏实点。

他很能问问题，几乎问了她工作上所有相关的问题，问完她，又去问她爸爸的工作，随后又讲很多自己小时候的事情。

谈话进展得并不是很顺利，她有些反感，甚至很烦了，想让他赶紧离开，可他却看不懂她的脸色，还说：“一会儿电视剧开始了，这个很好看。”

她感到很无语，直到电视剧完了，他才准备离开，离开前要了她的手机号码。

第一次见面的效果很差劲，至少她很不满意，可是她不想留下遗憾，所以觉得应该给他第二次机会，也算是给自己一个机会。

第二天晚上，大概七八点的样子，她接到他的电话，两人在电话上聊天，刚开始随便寒暄，说了没几句两人就打开了话匣子，说了很久，整个聊天过程两人都很开心，也很放松，他们就像是认识了很长时间的朋友。

这一个电话基本上改变了她对他的第一印象，至少她心里对他有了好感。

她比较喜欢慢慢发展，她希望有一个适应的过程，为的是在相亲成功、走向婚姻的时候，她有所准备，不至于感觉到突然和惊慌。她的想法是：两人继续电话短信联系，好好了解一段时间再约出来。

到了第三天晚上，他又打电话过来了，她很开心地接了电话。

他问："你在哪里啊？"

她回答："我在家啊。"其实她并不是在自己家，而是在姐姐家。她并没有打算骗他，只是一种习惯，也免得麻烦。

他说："我现在去你家玩，好吗？"

她犹豫了一下，心情不悦，说："这样不好吧，我是在姐姐家里，你要过来，至少要先打声招呼吧？"

她觉得他没礼貌，很随便，决定pass他。做出这样的决定，她心安理得，一点都不觉的遗憾，因为她至少给了自己机会，没有用三秒钟的感觉去盲目的做出决定。

相亲提示：

（1）相亲的地点最好不要选在家里。

（2）第一印象很重要，不过至少要多给自己给对方一次机会。

（3）约会时不要随便去双方家里。

（4）说话交谈要有技巧，要给对方感觉到尊重和礼貌。

我究竟该选哪一个

舍得之道是很大的学问，在人生的路上，你会遇到各种各样的诱惑，你会面临各种各样的选择，如果不懂得舍得，有时候一个小小的选择就会让你遗憾终身。懂得舍得之道，知道如何取舍，人生才能活得逍遥自在。

一个不懂得舍得之道的人，在寻找对象的时候就很容易徘徊、犹豫，担心选择了这个，会错过更多更好的，但选来选去，最后往往是"竹篮打水一场空"，很难找到一个合适的对象。有不少人就是这样，今天想联系这个，明天又觉得那一个更合适，到了后天又发现更满意的，不断地变化，以至于相亲多次，仍然没找到合适的对象。

随着相亲次数的增加，机会也变得越来越多。大家在很多机会面前，往往不知如何选择，总是摇摆不定、徘徊不前。如何在这些不错的选择中做出最佳选择，你需要懂得舍得之道，熟悉取舍的法则。如果事先有个标准、对理想伴侣有个初步的想法和要求，选择起来就会简单很多。

他今年28，年龄不小，也不算太大，大学毕业出来工作了5年，看到别人纷纷结婚，而自己的感情之路却一直都很曲折，一直没有找到合适的人。

每次家里打电话过来，妈妈都会唠叨几句："你看看周围，看谁像你这么大了还不结婚的，跟你一样大的都结婚抱小孩了。"

每次听到妈妈这样说，他心里总是很难受，其实不是他不想结婚，而是没有遇到合适的人。

不过，很快他就遇到了幸福的烦恼。在不到三个月的时间里，周围人给他介绍了三个对象，亲戚一见之下，都很满意，他却不知道如何取舍了，到底该选谁，他始终拿不定主意。

第一个女孩最漂亮，24岁，不但脸蛋长得好，身材也不错。人很懂事，又很勤劳，他父母一致通过。女孩和家里对他也都满意。就等他的意见了。

一次，他给她发短信，半小时后她打电话给他："收到你短信后，想给你回短信，才发现手机没钱了，回不了信息。害怕你等急了，我刚才花了大半个小时去修宿舍的电话线，所以现在才打给你。感觉现在好累。"他听了很感动。

他觉得她真的很喜欢自己，会经常发短信给他，他随便回短信过去，她都很认真地回复。

她也很在意他的想法，他叫她去做什么事，她都很主动去做好。如果提到她的缺点，她就能很快做出改变。

有次，他去找她玩，看到她每次都不太爱打扮，他就告诉她："你太朴素了，每次都不注意打扮。"过了几天，她发了一张彩信给他，照片上她打扮得很漂亮，穿着连衣裙，简直让人眼前一亮。

可在他看来还有一个大问题，那就是她只是初中毕业。他考虑到双方婚后的生活，前景黯淡，因为以她的学历，不说找个好工作，找个稳定的工作都不是很容易，至少他是这样想的。但他又觉得只要能真心在一起，学历也不是非常重要的。

第二个女孩家境最好，27岁，中专学历，是亲戚家的女儿，家里开工厂，而且她父亲发了话，如果两人成了，结婚后，肯定送给两人一套房子作为新婚礼物。不过她的父亲还告诉他，自己的女儿什么都好，就是性格不好，有些内向。但这在他看来，不值一提，更让他心动的是她自身的条件也很不错，长相中等偏上，很有气质，皮肤又好，人也坦诚。两人在一起聊天的时候，她告诉他："我脾气很不好，只要我认定的事情，就算对方再有理，一般我也不会妥协的。"

她会偶尔主动联系他，其实，在他看来，她脾气并不很差，只是稍微有点内向，处事怕羞，不会争取，很少说话，有时候两人在一起，会觉得很闷。

他想起在她家里的一件事，她父亲让她给他倒茶，不知道是紧张还是其他原因，她脸色不好，似乎有些不情愿。

想到这个，他觉得两人如果结婚，婚后他肯定会有压力，也会受气。不过除此之外，他对她倒是很满意。

第三个女孩温柔善良，也是亲戚家里的女儿，24岁，中专学历，相貌姣好，很文静，两人见面的感觉很好，很舒服，他对她很有感觉，他妈妈对她也很满意，觉得她人品好。不过她家境一般，还有三个弟弟妹妹在上学，考虑到这点，他有些望而却步。

这三个女孩子在他看来都不错，他不知道该怎么选择了。于是找朋友帮忙，朋友七嘴八舌，大致观点如下：

1. 没感觉的话，感情是培养不出来的，感觉最重要。

2. 男人娶老婆从来都是要自己喜欢的，其他条件只要不离谱就行。挑来挑去，说明三个你都不喜欢，赶紧退出，别耽误人家女孩。

3. 选择第二个做老婆，有钱，取财有道；选第一个做情人，漂亮就行，无关学历；选第三个做红颜知己，温柔善良，善解人意。

4. 别选第二个，因为女孩内向，年龄不小了，但脾气不够温柔，如果对方有道理也不妥协（其实就是要面子），那就实在让人难以忍受：此女有偏执狂的倾向。跟她在一起你会有数不清的麻烦。记得以前的媒婆说媒，知书达理是女方最应具备的优秀品质之一，也是家庭和谐的关键。除开腐朽的三从四德，千年来的配偶选择方法还是最有道理的。一个成年人的脾气和性格几乎是不会有太大改变的。当然你要是能顶得住那小姐脾气就另当别论了。另外两个随意。要相信自己的幸福是可以靠自己来创造的。

5. 先分析第一个，虽然最漂亮，但漂亮不能当饭吃，不要等到生活困难才后悔；第三个，家庭负担太重，她的三个弟妹一旦有事情还不是你买单？责任这东西可大可小，好好想清楚；第二个，最划算，前提是她也喜欢你，那就ok啦，大小姐脾气可以慢慢调解。以后有岳父撑腰帮助，你可以飞黄腾达。就算受点气，你能卧薪尝胆，抓住比别人少奋斗十年的机遇，加以努力，你也很快而且很容易成功！

6. 虽然经济实力还是要考虑的，可关键是自己的感觉。设想一下，放弃谁让你更心痛。

7. 相亲是要双方都要对眼，双方的父母都满意，这样就没有问题了，至于你喜欢和谁交往，要你自己决定。

8. 脾气不好的千万不能要，否则苦头自己吃。

9. 婚姻的事，毕竟是一辈子的事，不能随便，最好还是听听父母长辈的意见。

听到这么多建议，他更犹豫了，始终拿不定主意，就继续发展。第一个还会偶尔的回短信，没什么架子，会主动跟他联系，给他打电话，不过考虑到学历，他对她不咸不淡，两人渐渐淡了下来。

第二个偶尔会在网上遇到，也经常发短信，不过她比较内向，在网上告诉他，她一直犹豫着要不要给他打电话，却始终都没敢打。

第三个他努力去发展了一下，发现了更多的缺点，比如她身材一般，偏矮，而且越来越觉得她不好看了，也就不再发展了。

这厢还没拿定主意呢，又有阿姨给他介绍了第四个女孩，学历工作都很合适，身材长相也都不错，很符合他的标准，可是两人见面相处也有一段时间了，他总觉得她清高冷漠，又觉得没有第一个好，可让他选第一个，他又觉得学历不够。后来阿姨告诉他，第四个女孩对他很满意，他更加不知所措了。

相亲提示：

1. 听听自己心里的声音吧。
2. 患得患失，犹豫不决，你一定会错过最好的那个。

我该不该选择他（她）

她对相亲的看法是，双方在家长和介绍人的监督下见了面，相处一个月，不合适就接着找下一个，如果一个月平安无事，就把日子定下来，然后商量订婚结婚的事情。

有这样的看法，是因为有次相亲的时候，她跟一个男士相处了两个月，最后她告诉对方："对不起，我对你没感觉。"他很受不了，她也得罪了介绍人，因为对方家里已经把她当准儿媳看了，付出了太多的感情。经过这件事，她得出了相亲一个月下结论的标准。

不过，她现在遇到了难题，不知道该怎么办了。事情是这样的，经过别人介绍，她认识了一位男士，两人相处得很好，她总结了他的优点：脾气温和，婚后应该不会吵架；职业稳定，收入稳定，婚后生活有保障；名牌大学毕业，圈子里不乏优秀人士，不但有面子，对双方以后的事业也很有帮助。

眼看一个月的时间就要到了，她却迟迟下不了决心，在她看来，他虽然各方面都不错，但她对他没有那种来电的感觉。她在感觉和现实之间踌躇不定。

她害怕放弃了他，自己会很后悔，可她又担心两人婚后一直无法培养出感觉。她在脑子里过滤了一番自己有感觉的男士，要么人家已经有了另一半，要么对方工作不稳定或者前途没保证，相比之下，他算是最好的了。

不过，她还是拿不定主意，无奈之下，她向周围人寻求建议。

她得到了如下热心朋友的建议：

1. 感情是可以培养的，慢慢相处可以发现对方身上有很多很多的闪光点，最重要的还是对方对你是不是真心，如果是真心，你们两个在其他方面又合适，为什么不给彼此一个机会，至少努力过，实在不行可以分手，没有人会一下子就会疯狂地爱上另外一个人的。

2. 既然是相亲，只需要考虑现实生活必须考虑的问题就已经足够，至于感情，以后慢慢培养，无需考虑太多，接受他吧。

3. 不要勉强自己！感觉是最重要的，你要做的是寻找或者等待真正的爱出现。

4. 爱情的目的不是一味追求完美，而是幸福和责任，所以如果你觉得你们在一起会幸福，如果他也是一个负责任的人，那么就可以结婚了，不必太强调感觉了。

其实心里困惑的不只她一个，还有更多的“她”和“他”也有类似的困惑。

一

她的困惑是："我在旅途中遇到一个男子，可以说是一见钟情，大家都很有感觉。彼此聊天也很愉快。离开之后他向我表白，说要到我的城市来和我在一起，但可能要等久一点。现在却没了消息。

"家里人安排了几场相亲给我，相亲对象各方面条件都比较优越，尤其是最近一个，按照世俗标准无可挑剔，有房有车、有学历、有相貌、有固定工作、有赚钱能力，而且他家人对我也相当满意，希望我能和他好好相处下去。

"因为之前已在心里决定了给之前的那个男子三个月时间，所以我有些困惑。不想就这样放弃，可是他那边久久没有音讯，他说爱我，却不和我联系，我打过去问了几次，每次都说忙，要不就是让我给他时间。

"我现在觉得自己好像脚踩几条船一样。我希望未来的爱人能和我志趣相投，而不仅仅是拥有很多物质的东西。当然我也并不抗拒物质，但是我更希望可以在心灵上产生的共鸣和相互理解。我实在有些困惑，那份一见钟情的感觉现在对我而言好像鸡肋一般，食之无味、弃之可惜。"

二

她也有困惑："亲戚给我介绍了一个老板，他29岁，我24岁。其实我们都知道大家是看中了对方的条件适合，才同意见面的。他经济条件好，可是非常忙，一天只有晚上12点到2点给我发发短信，他说感情可以慢慢培育，并打算一年后和我结婚。

"问题是我不知道这样的相亲会有什么样的结果。我觉得他可能真的只是想找个人结婚而已，碰巧我只是符合要求的那个人。

"我们因为距离问题，一个月只能见面一次。我们才认识了一个月，见过两次。我现在不知道该原地等待还是重新出发。另外，我的亲戚跟他很熟，说他是个好人，我想跟他有可以发展的空间。但我们可以沟通的时间太少了，他那么忙，我该怎么办呢？"

她得到了以下建议：

1. 如果你们仅仅因为外在条件就去见面，甚至结婚，这样的婚姻很难长久。

2. 多看一下，毕竟结婚的事情要慎重点，好好考虑考虑，多和他接触一下，这样才知道他是个什么样的人。

3. 既然他是诚心与你交往，那就给自己一个机会。

4. 感情是可以慢慢培养的，如果你认为他有责任心，就充分施展你的魅力，将他的心牢牢抓住。

5. 其实感情一开始就甜蜜而富有激情，不一定是最好的，关键还是要经得住时间的考验。

6. 把你的想法跟他说，详细了解一下，只要你心中有他，他心中有你，就可以在一起，除非有更适合你的。一定要多了解一下，即使放弃也不能草率，想清楚了再做决定。

7. 感觉等下去不妥，物质固然很重要，但也要有感情基础。现在离婚率很高，结婚请慎重。

8. 那就要看你自己了，看他是否真心对你，你们的感情的确需要培养培养，如果你真的喜欢他的话，那就慢慢来吧！

9. 多接触接触再做决定吧！

10. 你自己都不确定是否合适吗？这样的问题要自己拿主意。

11. 考虑清楚，结婚以后你到底想要什么样的生活，跟这样忙碌的人结婚，结果肯定会很寂寞，想清楚婚后你们会有多长时间在一起？还有，如果你需要的只是物质生活，嫁给他倒是不错。

12. 结婚最好找个无论经济、家庭、爱好等尽量匹配率高的，不能盲目。另外，婚姻必须是双方父母都祝福的，不然今后问题也会层出不穷。

13. 这种事情还是自己把握吧，别人不能替你做主，要知道自己结婚是为了什么，不能冲动！

14. 感情可以培养，合适的人难找，经济条件好也很重要，建议了解了解，人真不错就结婚吧。

15. 我觉得感情才是婚姻的基础，结婚一定要慎重呀，尤其是对于一个女孩子，即使他再有钱，如果你们以后过得不幸福，也是很痛苦的。

16. 我觉得主要看你想得到的是什么，比如你想要得到爱情，你就该多多考虑。不过生活大多是柴米油盐的问题，所以物质可能更加重要一些，我给你的建议是，学习怎样爱一个人，慢慢培养感情，爱情的出现是需要培育的。

17. 这年头还谈什么真感情，只要你有黄金白银，想天长地久就天长地久，想曾经拥有就曾经拥有。

18. 作为一个老板，他会经历过很多事，碰到各种各样的人，社会经历丰富的他愿意和你结婚，对你负责，说明他对你应该是认真的，所以，你应该给他一个机会，也给自己一个机会，试着和他交往。

19. 你们认识的时间并不长，彼此也不是非常了解，而且由于他的忙碌又给你们的相知造成了一定的不便，因此你们更需要一定的时间来了解彼此的性格。有的时候，所有的客观条件都合适，并且外界没有阻力，两个人的相处就是最重要的问题了。这就是所谓的没有问题就是最大的问题。

20. 客观条件合适并不代表这个男人可以给你你想要的幸福，你要搞清楚自己想要的家庭生活究竟是什么样的，如果你想让自己的老公很有时间陪自己，疼宠自己，那么，很显然这个男人就不适合你。相反，如果你不那么希望老公时刻都在身边，觉得可以接受他这种忙碌的生活，那么你们就可以以婚嫁为目的继续交往下去。

…………

建议很多，她越发不知该何去何从！

一家网站对于相亲取舍的关键做了调查，调查结果如下：

被安排相亲，你取舍的关键是什么？

1. 外形（身高，胖瘦）是不是我喜欢的：(8%)
2. 有没有车，房子，有没有钱：(0%)
3. 谈吐，是庸俗还是高雅：(8%)
4. 有没有共同话题，能不能谈到一起：(42%)
5. 学历：(8%)
6. 年龄：(17%)
7. 父母是否双职工：(0%)
8. 人品，老实还是花心：(17%)

虽然受参与调查的人数限制，不能代表全体民众的意见，但我们还是可以从中得出一个结论：如果其他条件合适却没有感觉，就不妨以双方有没有共同话题为判断标准，有共同话题就在一起，没有共同话题就开始新一轮的相亲。

不过，取舍的关键还在自己，千万不要陷进取舍的泥潭中走不出来，最后既耽误了自己的时间，也耗费了别人的青春。

第七章

左边是陷阱，右边是幸福

相亲的时候到底向左走，还是向右走？很多人也许会不左不右，驻足不前，相亲到底要怎么走？

老马识途，你听说过“听君一席话，胜读十年书”吗？你需要过来人的指点和建议，这样才能少走弯路、少走错路，走上正确的道路。

资深相亲男有话说，专家和资深相亲女也都倾心相授，告诉你相亲到底是怎么一回事，指点你如何去相亲。

相亲，是向左走还是向右走？听听同性的建议，了解异性的想法，你会走得更快、更稳、更轻松！

相亲男，请选对你的菜

很多男人在相亲的时候，往往会左顾右盼，不知道该怎么选择。怕漂亮的不温柔，温柔的不漂亮，即使和对方约会过三次，也很难做出一个准确的判断。于是，男人经常陷入两难的境地——不知道该以什么样的标准来判断自己的相亲对象。

1. 男人相亲，对女方的外貌有两个标准线

美女人人喜欢，其实男人还有一个另一个标准线——以自己的外貌为标准衡量。如果相亲时发现女方外貌比自己差太多，那么就会很难接受对方，一般在第一次见面后不会再联系，而不会管女方的其他条件有多优秀。

很多女生困惑为什么相亲后对方对自己不冷不热，其实很简单，你

身处男人的两个标准线之间，对方没有很大兴趣来追你，但是觉得你又可以勉强接收，所以会有鸡肋心理，食之无味，弃之可惜，只能不冷不热地耗着。

相对而言，美女一般都会受到比较热烈的追求，虽然热烈追求并不代表能走到最后。

2. 消费习惯相符比收入相符更重要

男女之间很多矛盾都是消费习惯不符造成的，有一个误解，认为男女经济条件般配的衡量标准是看双方的收入水平，男的比女的略高到两倍比较适宜。但是，错了！

其实，经济上双方是否匹配的关键问题在于彼此的消费水平。赚钱多少是能力问题，花钱多少是习惯问题。而习惯的形成往往与个体的家庭背景和个人经历相关。

一个农村进城的大学生，一个城市底层家庭长大的孩子，一个家底殷实从小含着金汤匙出生的孩子，同样月收入一万，而消费习惯是完全不同的。即使同一个背景，男人和女人也是不同的。

农村进城的大学生可能被完全城市化了，做个月光族，但这种情况极少见，大多数还是花钱很谨慎，小心翼翼地积攒自己的收入。一个房子的压力就足以让他们缩手缩脚。

城市贫民的孩子的消费观可能比农村孩子稍微开放一点，但是在花钱上还是很谨慎的，因为童年经济生活的相对困窘，父母的消费习惯自然影响着他们的消费习惯。

那些家庭条件好的孩子可能就完全不同了，一万元的收入他可以轻易月光，让家里再贴点钱也不是问题。这样一来，同样一万的收入，三个出身不同的年轻人，他们的消费层次是两千、三千和一万二这三个档次，不同消费层次的人在一起，没有矛盾才是怪事。甚至女方月收入五千，男方月收入两万，因为家庭背景和消费习惯的不同，男方也可能会感觉女方奢侈，而女方却对男方的吝啬无法理解。

3. 男人对约会对象和结婚对象的要求是不同的

经常看到有女生抱怨男友和自己恋爱多年，一说结婚就支支吾吾。

其实男人对恋爱对象和结婚对象的要求是不同的。

恋爱更注重外在，而结婚更注重实际，排除另有所图的面子婚姻和政治婚姻。婚后生活的幸福是男人要考虑的。

如果两个人对家庭角色定位存在差异，那么恋爱对象未必能变成结婚对象。从这一点上说，男人其实也是很挑剔的。

可能在很多男人的眼里，恋爱对象必须漂亮，顽皮任性都没什么关系，而结婚对象却要相处舒服，知书达理，有贤妻良母的潜质。

4. 家庭在恋爱中也许不重要，但是对婚姻来说太重要了

双方家庭是婚姻中绕不过去的一个坎。男女相亲，如果其他条件适合，在看家庭条件时，男方家庭与女方家庭一定不能相差太远。

5. 将就的婚姻往往经受不住考验

将就的婚姻有很多种，政治、经济、面子、年龄往往都是将就的理由。这种恋爱或者婚姻在相安无事的时候看起来也许不错。但是在遇到利害冲突的时候，就显示出其脆弱的一面。

爱一个人可以容忍很多，而将就则不会有那么多让步，人都是自私的，当两个人相爱的时候，更像是一个整体；而将就的时候，仅仅是交易或者互相利用，一旦触及了个人利益，矛盾很容易爆发。年龄大了，闪婚又闪离，往往是这种情况。

更糟糕的结果是双方为了面子、孩子、家庭继续将就下去。很多人抱怨结婚后还不如不结婚，其实就是这个状态。当初将就了婚姻，这就是你要付出的代价。

6. 亲昵举动其实很重要

相亲以后双方互不讨厌，开始正常交往。见过几次面，电话短信联

系联系，最后无疾而终了。很多女士都会抱怨发生在自己身上的这种情况，其实，出现这种情况的原因之一可能是两人之间没有亲昵举动。

一般情况下，约会几次，新鲜感过了，男人很容易冷淡下来或者例行公事。约会甚至还比不上体育比赛、电视节目、朋友喝酒、k歌等。这是因为男方没有感受到其中的乐趣，如果有亲昵举动，感觉就完全不同。

有两种情况例外，第一种情况是女方实在很讨人喜欢，第二种情况是两人非常投缘，在这两种情况下即使没有亲昵举动，男方也不会冷落女方。

7. 女方要了解男方的消费习惯，不要让约会成为男方的经济负担

虽然AA制出现了，轮换买单也不是不可能，但是就大部分情况而言，相亲也好，约会也好，男人买单都是一种传统，由此也诞生了婚托、饭托、酒托这些所谓的职业。

女方经常犯的错误就是以男方的收入或者自己消费的档次来选消费的场所。

前面说过，赚钱多少是能力问题，花钱多少是习惯问题，当约会时的消费大幅度超过了男方的消费习惯形成负担的时候，男方会自然压缩约会的频率。

因为男方买单是双份的，人均消费三百元的地方，对男方来说是六百元，一周约会两三次，算下来负担并不轻。

因此，如果女方想要在相亲中取得良性发展，就要了解男方的消费习惯和消费承受力，不要让男方害怕约会，或者对约会产生压力。

8. 讲究的婚姻需要更多的努力和两个人的付出

到了一定年龄，一见钟情是非常困难的事情，社会经验多了，眼光自然也就不一样了，会挑剔、会讲究。

如果你有结婚的打算，那么你就不应该随便应付眼前的对象，然后再期待下一个相亲对象。因为按照一般规律，相亲对象是一个不如一个，很简单，年龄越大，优秀的漏网之鱼就越少。

如果有婚姻的打算，你应该和你可以接受的对象一起努力去发展你

们之间的关系，寻找共同的兴趣点，保持更密切的联系。

如果两个人性格合适，较多的交往会让一些诸如外貌、经济条件的隔阂淡化一些。其实很多所谓的要求并不是那么重要。

亲人同事的赞许、较好的物质享受、炫耀心理、面子的需要和婚后的生活幸福相比，微不足道。

财富是手段，幸福是目的，不应本末倒置。

9. 对女白领来说，工作上的优势有时候反而是婚姻家庭中的劣势

为什么会有很多高级女白领成为剩女呢？她们工资高，有品位，学历高，为什么找不到满意的老公呢？因为这些白领会把工作上的优势带进婚姻的考虑中。

对于一个外貌普通的高收入女白领来说，适合她的老公是什么样子呢？

按照前面的分析，当然是消费习惯观念和她一致的男人，这样一来，男方或者家境好，或者收入远远高于女方。

在这里从男方的角度来对比一下女白领和普通女人，白领虽然工资高，消费也高，算上衣服化妆品，月光很正常，所以虽然收入高，其实资产标准是一样的，并不比普通女人有多少优势。而对于收入很高或者家境很好的男人来说，女方的收入和能力就没那么重要了。

经济学有边际效益递减的定律，对这种男人来说，他在经济上已经足够满足，女人挣一千或者一万都是家庭收入中微不足道的补充，没有什么本质区别。

对男人来说，既然女人的赚钱能力和经济实力并不重要，那女白领就没有什么优势可言了，而且，女白领在工作上消耗了太多精力，在照顾家庭和男人上反而有天生的劣势。

这才是很多女白领尤其是高级女白领成为剩女的原因。因此，对这些女白领来说，在相亲的时候应该考虑到：女人经济条件越好，可选择的余地就越小，因为男人经济条件越好，对女方经济条件要求就越低。

10.邀约是一门艺术，能直接看出你是否有戏

你提出邀约，如果女生对你有意，大方的女生会直接首肯，矜持的

女生会假意推脱，同时却期待你的下一次邀请，一方面摆摆架子，一方面也看看你的诚意。

所以，邀约三次一般能看出你是否有戏：

第一次邀约，如果对方肯出来，50%有戏。如果邀约不成，对方不出来，看是什么借口，如果是工作、考试以及身体原因等合理借口，不要乱猜疑，对方可能真有其事，或者矜持，请约第二次。

第二次邀约，如果仍然有借口不愿意出来，如果你不喜欢对方，可以选择放弃，或者暂缓攻势，如果你非常中意对方，就再给自己一次机会，约第三次。

第三次邀约，如果还是拒绝出来，对方肯定对你没兴趣，所以可以断定你们没戏。

两情相悦为美，一厢情愿则苦。对男士来说，一个女人在你数次邀约之下总是找借口不出来，你基本上也就被判了无期徒刑，换个目标是唯一良策！为了避免一厢情愿的苦果，也为了不浪费时间，请给自己给对方三次机会，三次不行，就要开始新一轮的相亲了。

相亲女，请读懂男人

相亲中涉及到很多男女交往的学问，对于矜持的相亲女来说，你需要专家的建议来读懂男人，从一些细节上对相亲的男士做出明确判断，对提高相亲的成功率大有帮助。

1. 从他喜欢的运动看穿他

《男人像鱼——女人如何才能把他们抓住》一书的作者、两性关系专家史蒂夫·纳卡莫托认为：喜欢跑步、游泳等单人运动的男人喜欢独立，这意味着他们经常独处；喜欢足球、篮球、棒球等团体项目的男人喜欢竞争，无论是在运动场还是生活的各个方面，喜欢随时随地与周围的人一决雌雄；至于那些根本不爱运动的人，他们是独立的思考者，经常还很敏感。

2. 从他的朋友来看穿他

一个至今和10岁时认识的朋友仍在交往的男人可能非常忠诚，这是他的一大优点，但是，《聪明俘获男人》的作者、约会专家里兹·凯利说："你最好喜欢上你所看到的这个优点，因为除此之外，他可能不太容易变化。你要有耐心，因为要赢得他的信任需要一段时间。"

如果你相亲对象的朋友来自他生活的各个领域——大学、体育馆和工作，那就不要害怕带他参加你亲戚的婚礼，他与陌生人交谈一点问题都没有，他很容易适应新环境。

3. 从他的消费方式看穿他

心理学家、财务策划顾问罗勃·洛宁认为：喜欢刷卡的男人热衷名利和地位。他可能雄心勃勃，可能自信满满，他会努力实现自己的财务目标。

而喜欢用现金付账的男人自信而独立。这样的人成为花花公子的可能性很小。

如果一个男人的钱包是瘪的，这说明他是一个喜欢信赖别人，需要别人照顾的男人。

4. 从他的坏习惯看穿他

美国纳什维尔市范德比尔特大学的医学博士、精神病学副教授米切尔·帕克斯认为：

爱赌博的男人是冒险主义者，冒险让他们感到快乐，但是他们总是对自己过分乐观，认为不会赌博上瘾，直到焦头烂额。

而烟鬼更有可能焦虑，你想让他坐下来陪你说会话儿并不容易。

如果他喜欢喝酒，那么这可能是为了掩盖他的不安全感。

5. 从他喜欢的交流风格看穿他

如果你约会的对象喜欢给你发电子邮件，而不是直接打电话，他可能是个难以对付的人。圣迭哥州立大学心理学教授杰夫·布里森博士说："事实上，写电子邮件可能字斟句酌，他有充足的时间把真实的自己掩盖起来；但打电话很容易暴露一个真实的自己；喜欢发送即时消息的人希望时刻得到你的关注，时刻确定你在等着他。”

那么喜欢煲电话粥的人呢？他可能有些过时，做事喜欢按部就班，但是，布里森说：“他不害怕与你亲热。”

6. 从他喜欢你穿什么样的衣服看穿他

如果他喜欢你穿T恤和牛仔裤，或者可爱的背心裙，而不喜欢你穿正装，那么你可能在与一位朴实而随和的男人约会，他同样喜欢闲适、不大手大脚的女人。

总喜欢女人穿高级时装的男人社会威望很高，洛杉矶心理学家南希·欧文说：“他可能很会赚钱，钱在他的生活中扮演着很重要的角色。”

喜欢挽着性感女孩逛来逛去的男人是一个自负狂。欧文说：“这种男人喜欢那种被别人羡慕和嫉妒的感觉。”

7. 从他驾车的习惯看穿他

如果他经常驾车在车阵里钻来钻去，或者紧跟着前面的车子，并对前面车的司机怒目相向，《马路争吵和愤怒驾驶》一书的作者、夏威夷大学心理学博士利昂·詹姆士说：“很显然，他有好强爱冲动的问题。”虽然好强会让他在工作中出类拔萃，但是，他在交往中很难与他人处好关系。

如果堵车了，他仍能表现得很平静，詹姆士说：“这说明他的自控能力很强。”

8. 从他点的菜看穿他

《修饰与外形：31天打造新形象》一书的作者、形象设计专家戴安·丹尼尔斯说：“喜欢选家常菜的男人通常稳重踏实，但他也是一个不喜欢冒险的人。”

如果你的约会对象喜欢点一些新奇的菜，丹尼尔斯说：“那你正与一个率性的人交往，他可能很容易对维持现状感到厌倦。”

9. 从他的卫生习惯看穿他

把脏袜子扔得到处都是的男人和把各种颜色的袜子归类放好的男人是不一样的。《修饰与外形：31天打造新形象》一书的作者、形象设计专家戴安·丹尼尔斯说：“归类放好袜子的人很挑剔，他对你的期望就是把家收拾得干干净净。”

房间凌乱的男人更自由散漫，也更开放。但是，如果他的浴室内非常肮脏的话，他可能不成熟，或者就是一个懒鬼。

10. 从他喜欢的电视节目看穿他

如果他总喜欢守在电视机前一部接一部地看电视剧，那你要注意了。电视制片人、《约会秘密：享受有趣、浮华与有意义的社会生活的简单方法》的作者赫达·穆斯喀特说：“这种男人喜欢用幽默来缓减压力。这可能是件好事，因为他不会把压力发泄在你身上，或者变得不冷静，但是，你想与他严肃地谈话也不容易，这是一对矛盾。你越是想和他讨论一些重要问题，他越想逃避。”

另一方面，看法制类节目的男人擅长分析，喜欢思考。穆斯喀特说：“他以解决问题的能力而自豪，在你需要帮助的时候，他总会不遗余力地帮助你。”

11. 从他在家中排行看穿他

《值得拥有的男人》一书的作者南希·法根说：“在兄弟姐妹中排行老大的孩子有责任感，而且擅长管理。如果是家中老幺的话，他可能富有创造性，还有些

反叛。排行中间的人敏感，希望博得他人关注。”

12. 从他在公众场合是否缠着你看穿他

当你出现在公众场合时，他就像不干胶一样粘在你身边。《男人像鱼——女人如何才能把他们抓住》一书的作者、两性关系专家史蒂夫·纳卡莫托说：“他可能是在炫耀你，也可能是在向他人暗示你是他的‘领地’，无论如何这都是他没有安全感的标志。”

在公众场合，对你的身体连碰都不敢碰的男人要么是他不确定对你的感情，要么是你不确定对他的感情。纳卡莫托说：“如果他对你和他之间的感情有疑问的话，他会和你在身体上保持距离。”

13. 从他主动驾车还是让你驾车来看穿他

《聪明俘获男人》的作者、约会专家里兹·凯利说：“不喜欢主动驾车男人可能会让你控制你们的关系，至少有时候是这样。”

一个总在操纵方向盘，即使是在你的汽车里也是如此的男人，说好听点是怜香惜玉的守旧派，说难听点是控制狂。

14. 从他是否喜欢照镜子看穿他

每次经过商店橱窗都喜欢把玻璃当镜子看一看自己的男人显然是“自恋狂”，但有趣的是，这还是一个立志成功的男人的标记。

《充满自信》的作者希纳·汉金博士说：“外表是这类男人最看重的，他把自己的外表看作是自尊和成功的标尺。”

低调而很少自以为是的男人可能没有远大志向。汉金博士说：“但是，他很容易与情感联系在一起，因为他不肤浅，对他来说，内涵更重要。”

15. 从他看你的眼神看穿他

《迷人仪表》的作者、演讲专家黛安·迪雷斯塔说：“与你交谈时，不和你进行眼神交流的男人可能不是一个值得信赖的人。如果在言谈中眼睛直瞪着你，他可能想要胁迫你；如果他含情脉脉，这意味着他非常喜欢你。”

16. 从他说话的方式看穿他

如果他说话语速很快，这说明他是一个直率而精力充沛的人，他可能还有点固执己见。迪雷斯塔说：“语速很快的人热衷于给他人留下好印象，但是，他们不注意自己的听众。说话语速较慢的人经常行事谨慎，他们在说出口之前会斟酌每个字，这也显示他对生活的态度——三思而后行。”

让熟人安排&努力再努力

恋爱会一见钟情，相亲其实也可能会中彩，有的人很幸运，第一次相亲就会相到幸福。

有一对夫妻是通过相亲走到一起的，而且，那次相亲是他们的第一次相亲。

她谈了一场极其失败的恋爱，分手后她的心里久久不能忘怀，一直没有找新的男朋友，也没有参加相亲，一直一个人痛苦着。

她的一个高中同学请她去吃饭，高中同学已经结婚了，夫妻感情很好，席间双方聊起来，夫妻俩提议要给她介绍一个对象，她心里虽然排斥，可碍于面子，不好拒绝，就答应去看看，见面再决定。

很快就要见面了，她想，既然去相亲，还是要打起精神来，她化了妆，挑了得体的衣服。

双方约在她同学家里。她敲门进去，第一眼就看到了坐在沙发上的他，他看她进来，就站了起来，他身材高高的，瘦瘦的，穿着普通却很干净得体。同学为双方做了简单的介绍，然后钻进厨房去准备饭菜了，留下他和她在客厅里交谈。

她算是挺善谈的，对他第一印象不错，她看出他很拘谨，比较腼腆，就自己先开口了，介绍了一下自己的工作和家庭情况，两人慢慢开始交流起来，时间很快，等到吃过饭，已经很晚了，他送她回去，两人竟然有相见恨晚的感觉，一路相谈甚欢。

要过马路了，他坚持让她走在里侧，过马路的时候，他的右手轻轻放在她肩头，走到马路对面，他很自然地把手放下来，突然间，她有一种莫名的感动，原来自己这么需要别人的关心呵护。

第一次相亲就这样结束了，双方都很含蓄，却互生好感。

两人在随后的日子里经常发短信，或打电话，她很多时候都能感受到一种暖暖的关怀，失恋带来的痛苦竟然慢慢消失了，她的生活重新焕发了生机。

交往不久，她已经很明确了，他就是他未来的老公。她从来没有如此确信，因为两个人在一起交流的时候，很流畅，很舒适，都能理解彼此，而且，最重要的是她能感受到一种强烈的安全感，能让她放心大胆地去爱。

没过多久，他要去外地出差，两人就用电话联系，等出差回来，两人就举行了婚礼。她对自己能如此迅速地做出结婚的决定感到很惊讶，不过，细想之后，她觉得一切都似乎是理所当然。

婚后不久，她跟同学说起来，同学说："我们认识这么久，对你知根知底，当然知道你需要什么样的男人做老公，他是我老公的同事，大家都很熟，没想到，一撮合你们，这么快就成了。"

她想了想，自己交际圈子很窄，幸亏是对自己了解的同学帮忙介绍，否则还真难第一次相亲就遇到未来的老公，她真的很庆幸同学的英明。

如果想提高自己的相亲成功率，上面的实例无疑提供了一个方法，那就是找最熟悉自己的人介绍对象、做红娘月老。这个最熟悉自己的人最好是自己的老友或者闺蜜，而不是自己的父母，因为父母往往太看重外部条件，而且太过偏袒自己。

当局者迷，往往你自己并不知道自己最需要什么样的另一半，甚至是父母，也不会知道，而相熟多年的老朋友却能对自己知根知底，知道什么人最适合自己。通过朋友介绍，无疑可以提高相亲的成功率，虽然不一定会第一次就相到另一半、相中幸福。

当然，很多人都不会在第一次相亲就遇到幸福，这和一见钟情一样难，要有很多巧合和运气在里面。不过，相亲失败或者没有下文不算什么，因为起码你在努力追求着幸福。

不管相亲多少次，当你经历足够多的相亲经历，把自己的相亲级别提高到“剩斗士”时，自然能练就火眼金睛，再多一次，就足以解决一切问题，你只需要一次，在这一次，你会第一次相中幸福，这一次足够让你下定决心，和对方组建家庭。

她从22岁半就开始相亲了，其间断断续续，大小经历40多场相亲，当然，这40多场相亲不是毫无价值的，她已经知道自己需要什么样的另一半，正是如此，她迎来了自己的幸福。

两人在相亲前先在网络上聊过一段时间，两人属于网络相亲，彼此彼此照片都看过，聊得都很投机，在聊天中，她发现，他的住处竟然离自己的工作单位只有200米，她突然觉得很靠谱，至少这次相亲离“缘分”很近。

他说：“有人把男人比做泥，把女人比做水，那么结婚后，混合在一起就成了一塌糊涂的泥水，这个问题你怎么看？”

她说：“这个是个顺序问题，如果说男人领导女人，那么男在女前，婚姻就成了混浊的泥水；但是如果女人领导男人，女在男前，就成了水泥，绝对坚固无比。”

他说：“你真是个歪理大王，不过很可爱。”

她笑了：“是吗，那你要接受我的领导吗？”

他一本正经：“好的，这可是你说的，我求之不得。”

聊天在愉快中继续，他们交换了手机号码，然后自然而然的，第一次见面了，两人约在一个商城的门口。

他先到了，在门口等她。她看到了他，他正在低头发短信，短信内容是：“我已经到了，你如果也到了的话，一定不准躲起来在暗地里偷看啊。”

她的手机响了，他听到了她的铃音，抬头，两人四目相对，都看到了对方，笑容在他脸上绽放的时候，空气变得很温暖。她在心里告诉自己，这是个很不错的男人。

两人一起去楼上的餐厅吃饭。他表现得像个绅士，主动帮她拉开椅子，挂起衣服，显得礼貌又亲切。她微笑地看着他做这一切，心里乐开了花：嫁给这样的男人，蛮不错的嘛！

两人点了菜，他说："告诉你一个秘密。"

她问："什么啊？"

他说："其实我做饭很好吃，有机会你要尝尝我的手艺。"

她说："一言为定。"

她突然对婚后锅碗瓢盆的话题大感兴趣，两人讨论如何选锅，如何烧菜，就像一对准夫妻。

他送她回家，依依不舍地道别。她心里暖暖地走进家门，想起老妈平时心急火燎的样子，自豪地告诉老妈："老妈，这次要成了。"

老妈的眼睛眯成一条线，脸上的笑容瞬间绽放。

她躺在床上，收到他的短消息："我正在超市买锅，今晚就开始练习，好久不做饭，手艺都要生疏了，很想做饭给你吃，好想一辈子都跟你在一起。"

她开心极了，心里很温暖，她告诉自己："就是这一次了，我第一

次被幸福的电流击中。”

早上起来，她收到他的短信：“大半夜在家烧菜，把自己吃撑了，快来救命啊。”她立刻想到了这样的画面：他系着围裙，在厨房中烧菜……

一股幸福感油然而生，她找到了幸福，终于心有所属了。后来双方见家长，原来双方父母是中学同学，原来相亲也可以相到很多缘分，让她觉得她和他的一切就像老天注定，不过，肯定也是因为她坚持到底，用自己的真心感动了老天。

诚心相亲，为了终生幸福，勇往直前，一定会有那么一天，你会第一次相中幸福，体会到心有所属的幸福感觉。

谨防受骗，不过也千万别欺骗对方

报纸上曾报道过这样一件事：

邵阳男子张正，53岁，小学毕业后就跟随父亲做木工，拼搏数十年之后，成了一名包工头，有了一定的积蓄，可是生活的另一半却始终没有着落。

为了找到幸福，张正开始相亲。因为年龄偏大，选择面儿太窄，张正去了当地一家规模很小的婚介所。没多久，婚介所就开始给张正介绍女士了，张正陆陆续续开始相亲。

张正陆续相亲22次，始终没有碰到合适的，一个偶然的机会，他在婚介所看到一条征婚信息：王倩，丧偶，33岁，无儿无女，征40~50岁左右、条件相当者为伴。

张正动心了，对方条件不错，可以试试，张正立即让婚介所安排王倩与自己见面。

很快，两人就见面了。王倩人长得漂亮，也很有气质，初次见面就给张正留下了很好的印象。王倩对张正印象也不错，两人开始交往，不久，相差20多岁的张正和王倩确立了恋爱关系，就等着领结婚证了。事业爱情都解决了，张正春风得意，第二个月，张正就让王倩进入了自己工程队，管理财务，两人随即住在了一起。

张正沉浸在幸福当中，忽然间，黑暗来袭。一天，当他忙碌了一天后回到家里，发现人去楼空，王倩失踪了，公司账面上还少了三万五千元现金。

一个星期过去了，王倩依然没有消息，张正有些坐不住了，他坐车到王倩老家益阳去打听情况。

张正找到了王倩的父亲，得到的回答让他大吃一惊，原来，王倩父亲无奈地告诉张正："王倩骗了你，你不是第一个了，之前已有六个男的来找过了，还有个人砍伤了她的手，家里已经跟她断绝了关系，好久都不联系了。"

张正有些不相信自己的耳朵，他四处打听，打听到的情况都差不多，王倩是个骗子，是个不折不扣的婚托。

张正回到单位，到公安局报了案，但几个月过去了，王倩还是毫无音讯。

后来，张正在热心记者的帮助下，才找到王倩的老乡与王倩取得联系。张正拨通电话，另一边传来王倩的声音："老哥，对不起了，我根本不姓王，其实我就是婚介所的托，每和你见一次面都有提成儿。"王倩声音很冷静，张正心里却不是滋味。

张正一脸痛苦地告诉记者："几个月前我们还很恩爱，哪知道她是托儿啊？"

相亲，要谨防被受骗。为了不碰上婚托或没有诚意的相亲者，最好还是经由相熟的朋友介绍，或者亲戚同事介绍，实在没有合适的，也要到正规的婚介所注册。

感情骗子是最可恶的骗子。识破婚托或没有诚信的相亲者，其实有一个很简单的办法，那就是多接触对方的父母，子女可能会把感情当游戏，当做诈骗的手段，但很少有父母会这样做。

在相亲中，婚托应该是很少出现的。不过，有些人旧情未断，却去相亲，这种情况应该谨防。如果要相亲，请斩断旧情，否则，不管是对你自己，还是相亲对象，或者前任男友、女友，都没好处。

他有女友，两人在一起同居两年了，经常吵架，三天一小吵，五天一大吵，他想分手，不过考虑到女友曾经为他流过产，就实在没忍心说出口，不过，他心里已经打定主意，分手是迟早的事。

他在公司表现很好，领导很看重他，对他的感情现状不了解，有意替他介绍对象，领导问他："你有女朋友吗？"

他说："没有。"

领导说："你年龄也不小了，该考虑终身大事了。我给你介绍一个，发展发展，成了家，感情稳定，对工作也有好处。"

领导很热心地安排了相亲，对象是一个亿万富翁的女儿。见面后，两人都很满意，交换了手机号码，每天都发短信。

几天后，他的同居女友看到了短信内容，知道了他背着自己去相亲的事情，大发雷霆，以他的名义给富翁女儿发短信："其实我有女朋友了，两人一起同居两年多，她还为我流过孩子呢，她想跟你交朋友。"

富翁女儿看到短信后，很生气地放弃了这段感情。

他很无奈，只好继续跟女友在一起，领导也没有找他谈话，他以为相亲的插曲就这样过去了。

过年了，他去领导家拜年，领导脸色很难看："你明明有女朋友，为什么却告诉我没有？我把朋友的女儿介绍给你，让我的脸放哪里？"

他尴尬地告诉领导："我们的感情一直不好，我已经下决心要分手了。"

他郁闷地回家，要跟女友分手，女友一再挽留，没有效果，最后撕破了脸皮，对他说："我为你流过孩子，在一起两年，你给我5万，就和平分手，不然我到你的单位去讨说法。"

他在事业单位工作，当然不能让女友去单位闹了。感情破裂，不分手又不行，可是他又心疼5万块钱，他骑虎难下，陷入了困境，不知道该怎么办。

藕断丝连，却去相亲，他的困境不是别人造成的，是他自己挖的坑。要想通过相亲找到自己的幸福，就要先处理好自己的感情麻烦，旧情不断，却去相亲，只会陷入更大的麻烦。

婚托和旧情未断，都算是相亲中的欺骗。不过，相亲还有一种欺骗，这种欺骗是掩饰，在相亲中掩饰，实在是很愚蠢的行为，难道婚后要跟自己的另一半掩饰一辈子吗?

相亲涉及终身大事，还是坦诚为好，非诚勿扰。

亲戚为她介绍了一个对象，条件很不错，虽然两人年龄相差六岁，可也还在正常范围之内。他名校毕业，月薪上万，唯一的缺点就是有些谢顶，亲戚在介绍的时候就提到了这一点，其实，她倒不是很介意这一点，她希望自己未来的他能够跟她坦诚相对，不管什么事情，两人都能不隐瞒，有问题就一起解决。

两人第一次见面的地点在她住的小区附近，对地点的选择，她还是挺满意的，至少可以看出他的体贴和照顾。

天比较黑，他戴一顶帽子，遮住了头顶。两人一起在附近散步聊天，她太过紧张，没什么特别的感觉，只是觉得，自己明明知道他秃头，他戴帽子就多此一举了，不过可能是出于着装搭配上的考虑，她也没太在意。

第二天两人再见，是他约她的，两人去看电影，他还戴着帽子。这次她不怎么紧张，心里很冷静，嘴上不说，心里却想得清楚：我不在意你秃头，你却戴帽子瞒着我，现在就这样，以后肯定会瞒我很多事情。

她心里这样想着，对他的好感一点都没有了，没看完电影，她就借机离开了，回到家里，她发短信给他："我最不喜欢别人有事瞒着我，尤其是自己未来的老公，我们不合适，不要再联系我了。"

女孩的做法可能有点极端，但这也从另一个侧面看出，有时候，一些遮不住的问题，迟迟拖延不如尽早面对。本来不错的相亲，因为一顶帽子的"隐瞒"泡汤了。

相亲是在寻找另一半，如果找到了，那么两个人是要在一起生活一辈子的，几十年的岁月，你能保证你的欺骗不被另一半发现吗？这无疑是掩耳盗铃，相亲成功，结婚后两人就是夫妻，一起生活几十年，什么秘密都会被对方看到，如果在相亲的时候就刻意欺骗，要欺骗几十年无疑就太愚蠢也太累了，欺骗来的婚姻建立在谎言的基础上，能幸福吗？

如果以谎言欺骗开始，一定会以悲剧收场。这是亘古不变的真理，尤其在感情问题上。

相亲的目的，请纯粹些

相亲是在寻找终身幸福，是重要到不能再重要的大事情，不能有别的目的掺和在其中。

其实，相亲是很简单的事情，两个真心寻找幸福的人在一起见面聊天，希望得到对方的认可，如果经过一段时间的交往双方都认可对方，那就是相亲成功了，两人最终走在一起，走进婚姻，建立共同的家。

如果在相亲中掺杂别的目的，那很可能会鸡飞蛋打、一无所得。

在一次大型的相亲party上，她遇到了他，他人长得不错，工作也好，是个医生，两人交换了联系方式。

两人在QQ上聊天，她视力不怎么好，他听到后，立刻问她："你的度数多少，平时有没有带眼镜，近视多少年了？"

她感觉到了关怀，他很认真，给她讲了很多关于眼科手术的专业术语和成功案例，几乎是滔滔不绝，她不但感受到了他的关心，还认识到了他的认真和专业，对工作也很负责，她想，如果嫁给他，肯定很不错，人细心体贴，对工作也认真负责，家庭事业两不误。两人一起聊得很开心。

两人约定在他工作的医院见面，谈谈情、说说爱，顺便检查一下眼睛，验验光，看看她的眼睛有什么问题。

到了医院，他带她进去，没有多余的聊天，就开始测光，查视力。他查得一丝不苟，特别认真，她心里很开心，未来老公对自己这么看重，以后肯定很幸福，心里这样想，脸上不由烧了起来，红红的。

看他如此重视自己的眼睛，她也不好随便开口问感觉之类的问题，便随便聊了几个关于眼睛手术之类的问题，他都特别耐心地回答了。

眼睛检查完毕，手术也咨询了，关于眼睛没有再多的话题了，空气骤然凝固了起来，她不知道说什么了，想想以前相亲她都侃侃而谈，从来不缺话题，今天却这么没出息，竟然不知道说什么了，她想，也许这就是遇到合适的人了吧，心里暗自开心。

两人在值班室聊天，有些相亲约会的味道了。两人聊了很多，原来两人竟然是同年参加高考的，高考作文题他还记得，两人一起回忆学生时代，氛围很好，她感觉两人的距离越来越靠近了。

他突然看着她的眼睛，表情认真，她以为他要表白了，瞬时紧张起来，等待幸福一刻的到来，张大了耳朵等他表白，他开口了："你的眼睛要及早治疗了，我们医院的设备不错，我建议你赶紧做一个眼睛激光矫正手术。"

她心里很失望，开玩笑说："既然我们认识，那可以打个折吗？"她试着调节气氛。

他却一本正经："不行，对外都是一个价格，不过，我们认识，可以给你便宜50块。"

她说："看情况吧，还没决定呢，我害怕手术，而且是给眼睛做手术，还是以后再说吧。"

他突然紧张起来了："眼睛还是及早治疗好，这样吧，我跟我们主任说一说，给你个特价，便宜100吧，机不可失，已经是最低价位了。"

她清醒了过来，感觉到他的笑容变得僵硬，她赶紧找个借口开溜了，他坚持送她出去，他再次强调了眼睛手术的重要性，让她好好考虑考虑。

她回到家，她打开电脑，在婚恋网站上浏览信息，突然看到了他，赶紧打开，只见他在对另一半的要求上写着："本人对相貌身材要求严格。超重勿扰！"

联想到自己的体重，她这才明白，原来他从一开始就没有想过要跟自己相亲，只是想给她做手术。

她删掉他的手机和QQ号码，关机，睡觉，再也不想看到他。

他从一开始就知道自己不会选择她，但是他却没有表明自己的想法，反而借着相亲的幌子来拉业务，让整个相亲变成了一场闹剧和骗局。其实，如果他早点表明他不喜欢她，对她没兴趣，然后再拉业务，争取让她做视力矫正手术，还有可能成功。在她识破他的骗局之后，她对他的人品产生了怀疑，相亲不成，手术更绝无可能，他的目的也没有达到。

寻找幸福的人，非诚勿扰！

非诚勿扰 I

第八章

十二星座女生相亲指南

星座学是一门神秘的学问，每个人都有自己的星座，通过研究星座，我们能更好地了解自己性格中的优缺点，也能快速了解对方性格上的优缺点。

星座里面有很多关于天命和缘分的秘密，相亲就是在寻找你的真命天子或真命天女，不管你信不信星座学，能够多一个供你抉择的参考标准，或作为一种建议指导，也是不错的。

你们到底配不配，看看星座怎么说?

白羊座女生相亲指南

白羊座的女生个性奔放、热情、直率、独立。多为事业型女人或天生的领导者，做事时总能迅速达成目标，并且以自己和伙伴的表现为傲。她们多半喜欢有刺激的眩目事物，凡事都尽可能照自己的方式做。永远需要新的挑战来激发自己的兴致，对唾手可得的奖品多半感到无趣。

适合的相亲装扮

热情火热的白羊座最适宜粉嫩色彩的小洋装，这样能映衬出她们青春动人的气息，戴顶帽子会很讨巧!

适合的相亲地点

人声鼎沸的美食街很配衬羊羊的气质，而且还能大饱口福。

适合的相亲对象

1．天秤座男生，因为天秤座是很容易赢得白羊座女性好感的星座，这两个星座的男女结合，女生能使男生服从，男生也能将女生塑造得温情脉脉，他们之间是很互补的。

2．射手座男生，同属火象的射手座，跟白羊座女生会有很多共同语言，而且他们喜欢同样紧迫的生活节奏。

3．狮子座男生，狮子座的男性特别有助于实现白羊座女生事业上和生活上的美好愿望。

金牛座女生相亲指南

金牛座的女生为人诚实有爱心，不但顾家、同情心丰富、又很亲切，愿意对周围的人付出关心，散播和谐又欢乐的气氛。待人真挚是金牛座女生的最大优点。别人不能等的，别人不能忍的，金牛座都能，这也是很多金牛座美眉在相亲中最终取胜的关键。

适合的相亲装扮

古典端庄的金牛座最适宜浅绿色的浪漫小洋装，这样的服饰能够改变金牛座女生本身略显呆板的个性，显得更加甜美可爱，如果能配上披肩长发就更显得楚楚动人。

适合的相亲地点

环境奢华的酒店，比较能满足金牛座女生奢侈和高雅的审美品位。

适合的相亲对象

1．金牛座男生，金牛座男生能弥补金牛座女生性格上的缺陷，尽管共同生活中难免会有些摩擦，但彼此相似的性格会使金牛座女生在精神上获得平衡。

2．魔羯座男生，魔羯座男生和金牛座女生比较志同道合，如果能相亲成功，婚后两人在工作上会互相帮助，在生活上会互相照顾。

3．处女座男生，和细心的处女座男性结合，金牛座女生能建立稳定和幸福的家庭。

双子座女生相亲指南

Ⅱ 双子座女生活泼热心、才华横溢，审美眼光超群，表现力新鲜独到，个性多变。性格具有两面性，兼具优雅和天真的一面，属于热情迅速高涨而又能够迅速冷却的类型。

虽然富于才华，善于结交，但缺乏韧性，耐力不足，部分人神经非常脆弱。独立心很强，但有些不负责任，有足够的说服力。双子座女生遇事不会惊慌，时常追求变化。她们极富表现力，即使再复杂的事情、再深奥的知识或信息，都能够深入浅出地予以说明，令人诧异不已。

在对待另一半上，如果爱得深沉热烈，她们能随心所欲地营出造静谧温馨的气氛和浪漫的情调，让人感到仿佛置身于温柔的怀抱之中。

在相亲中，双子座女生是非常善于表现的，这在吸引男性的同时并不会遭到同性的忌妒，因为她们太了解如何把注意力分散到别人身上。我们的建议是，双子座女生在相亲时可尽力保持本色。

适合的相亲装扮

生性时髦的双子座女生最适宜青春可爱的棉质裙装，既洒脱时尚，又能强烈体现一人分饰两角的双子风格，给人留下深刻印象。

适合的相亲地点

KTV想必是双子座女生的首选，因为很多双子座女生都是疯狂歌手，而且在KTV约会的好处不止于此，如果双方感觉冷场，也可以靠唱歌来弥补，不至于太过无聊。

适合的相亲对象

1．射手座男生，射手座男生会给双子座女生的生活带来新的气息。双方建立起来的家庭很充实，会显得自由和浪漫。

2．天秤座男生，天秤座男生有助于发挥双子女的艺术才能，或者带领后者进入高层次的社会生活。

3．水瓶座男生，水瓶座男性会让双子座女生的生活内容发生质的变化，双子座女生可能会因此经常出入知识界，结识各类学者和名人。

巨蟹座女生相亲指南

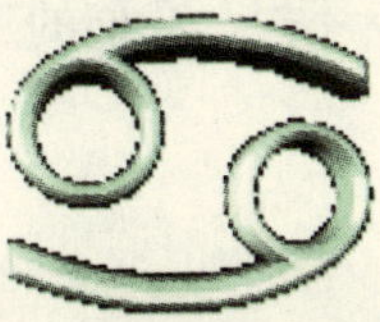

巨蟹座的女生总是斯文有礼，面带甜蜜的微笑，说起话来娇娇柔柔，惹人怜惜。巨蟹座女生喜欢被保护，比较喜欢成熟的男生。她们大多不喜欢成为注目焦点，最适合在厨房或有小朋友及需要有人看护的地方出现。

适合的相亲装扮

温柔多情的巨蟹座穿着背带裙裙就很适宜，也能显得轻盈浪漫。

适合的相亲地点

有特色的小餐厅就很配巨蟹女温和的母性化风格，温暖而且柔和地点，会使对方对巨蟹座女生好感倍增。

适合的相亲对象

1．魔羯座男生，该星座男生会理解巨蟹女的愿望，带给巨蟹女最需要的安慰和爱。

2．双鱼座男生，双鱼座男生和巨蟹女是情趣投合的绝配。

3．天蝎座男生，天蝎座男生的狂热爱慕，会让巨蟹女感到很幸福。

狮子座女生相亲指南

狮子座女生待人亲切温柔，多情善感，想象力丰富，是典型的浪漫主义者。她们大多热情澎湃，有很强的个性，但在有些情况下却缺乏坚定立场。她们好奇心强，喜欢不太危险的冒险，偶尔也会表现得胆大包天，有变化无常和歇斯底里的一面。她们愿意在每件事情上都做到开诚布公。有时候会缺乏牺牲精神，容易自满和自以为是，在处理很多事情上喜欢随心所欲。她们在气氛的控制方面有很强的能力。不过，我们的建议是，狮子座女生要付出诚心才能虏获另一半的心。

适合的相亲装扮

高贵华丽的狮子座女生最适宜穿着带点亮片或钻饰的华丽吊带，既高贵又性感，能让对方舍不得转移视线。尝试一下陶瓷烫造型，可能会提升狮子座女生的整体时尚感！

适合的相亲地点

狮子座女生偏爱那些有着异域情调的高档餐厅。

适合的相亲对象

1．水瓶座男生，水瓶男会拨动狮子女的心弦，双方的结合会稳定而和谐。

2．白羊座男生，和白羊座的男生结合，有助于成就狮子女宏伟的事业计划。

3．射手座男生，射手男会让狮子女的生活变得丰富多彩。

处女座女生相亲指南

处女座女生追求完美，她们细心，爱干净，理性，谨慎，专一，擅长计划，爱幻想，多半内心多情，需要被人疼爱。但有时候又显得太理性、自制力太强，容易给人一种死板、生硬的冷漠印象。

要想在相亲中有好的收获，首先要将自己的冷漠面具扔掉，表现出热情来，这样才能让对方感受到你的与众不同！

适合的相亲装扮

追求完美的处女座女生穿着格子长裙会很显身材，搭配粉色披肩更彰显女人味。

适合的相亲地点

在公园漫步能使理性的处女座女生变得感性，也能加倍体现出处女座女生温情浪漫的一面。

适合的相亲对象

1．双鱼座男生，双鱼男性情都很温和，双方会相处得很好，这两个星座的男女在一起会过着相敬如宾的和谐生活。

2．金牛座男生，和金牛男在一起，他们会建立一个美满舒适的家庭，并会有为他们争光的孩子。

3．魔羯座男生，魔羯男也是非常合适的选择，双方会同心协力为远大的生活目标而努力，稳固的感情会使两人感到很幸福。

天秤座女生相亲指南

天秤座女生能够很好地平衡理想和现实，她们性格稳重，能够沉着地观察，谨慎地行动。她们的弱点是情感温温吞吞，而且不够刚强，有着优柔寡断的一面。但她们又善于察言观色，很有才气，善于迎合他人的心情，有很强的社交能力和很高的威信，但有时会陷于孤独当中。

天秤座女生天生优雅，有超群的审美感觉，而且天秤座的微笑天下无敌，就像天使一般灿烂迷人，这种笑容不仅独特，而且非常温和。但是她们也时有不遵守约定和时间观念淡薄的行为。她们大都很善良，总是不忍心去拒绝别人。

在吸引男人方面，天秤座女生是天生的好手，她们的诱惑力是天生的，而且，她们中的大部分都太善于打扮自己了，不够美丽就不能出门。她们表面乖巧、温柔、顺从，其实最吸引人的反而是她们不按常理出牌的行为模式。

适合的相亲装扮

时尚风向标的天秤座，在相亲的时候并不需要显得太过时尚，妩媚的紫色系就很适合她们了。

适合的相亲地点

电影院。一家好的电影院是适合天秤女生进行相亲的场所，因为单是这一场电影就足以让她看出她与对方是不是志趣相投了。

适合的相亲对象

1．白羊座男生，白羊男很容易对天秤座女生倾慕。只要双方彼此情投意合，就会非常幸福。

2．双子座男生，双子男会对天秤女产生好感，而且双子座男生大半是妙趣横生的，他们海阔天空和富有超级幻想色彩的谈吐会把天秤座女生带入一个梦寐以求的神奇境界。

3．水瓶座男生，水瓶座男生和天秤女也会产生真挚的感情和爱的火花。

天蝎座女生相亲指南

天蝎座女生具有磁性而有魅力的人格，有神秘的倾向，很难被人了解。在一般情况之下，她们都是可爱的，很容易影响别人，也愿意抚慰别人。她们通常彬彬有礼，显得慷慨，有耐心，可一旦受到激恼，她们的愤怒也是无人能比的，很多天蝎座女生会在盛怒下失去理智。她们的观察力很锐利，有沉思能力，能独立思考，除非经过自己的调查，否则绝不轻易采纳别人的意见。她们大多比较敏感，有强烈的感情，也有很好的记忆力，有良好的自我表现能力，还有活跃非凡的灵感，常常灵感忽至心中，能洞析人性。她们大多不易受骗，有很强的直觉力。她们中的很多人有着动如脱兔、静若处子的性格，就算躲在角落，也很难让人忽略。

适合的相亲装扮

向来以性感神秘著称的天蝎，黑色露肩的(略微暴露一点点) 晚装能把天蝎座女生衬托得更加迷人!

适合的相亲地点

慢摇吧是挺适合的地点，就算双方不是很搭调的话，也没什么关系，在慢摇吧里，天蝎女总能很快放松下来。

适合的相亲对象

1. 金牛座男生，天蝎女同金牛男的共同生活会使双方领略到爱的真谛和奥妙。

2. 双鱼座男生，双鱼座男生和天蝎女非常情意投合，而且生活中也会富有情趣。

3. 巨蟹座男生，巨蟹男和天蝎女非常互补，而且双方在一起，天蝎女可以随心所欲地行使家庭主妇的权力。

射手座女生相亲指南

射手座女生乐观、活泼、坦率，自尊心强。她们多才多艺，有很高的智慧，颇富直觉与鼓舞他人的力量。她们思想开明、适应力强，有很好的判断力，有处理紧急事务的才能，擅长哲学思考，富有崇高的正义感，非常敏感而聪慧，热爱自由。她们诚恳、正直、可靠、慎重。

适合的相亲装扮

开朗活泼，酷爱自由的射手座女生，看起来往往显得很年轻，俏丽的学生风格装扮，会把射手座女生衬托得清新美丽，容易使人产生好感。

适合的相亲地点

PUB一定是射手座女生最适合相亲的地点，如果看对方不顺眼，可以很快找到下一个对象。

适合的相亲对象

1．双子座男生，双子男的风趣和博学，会让双方的生活充满朝气与欢乐。

2．白羊座男生，激情满怀的白羊男会使双方相处会非常愉快。

3．狮子座男生，狮子男与射手女会相互爱慕，相处得十分融洽。

魔羯座女生相亲指南

魔羯座女生多半有野心，做事讲究效率，追求完美，做任何事都要求最高标准，并且不惜长期努力来达成目标。不过，在她们强悍的外表之下，潜藏着一颗缺乏安全感的心。她们重视外表，讨厌肥胖、肮脏或衣冠不整的男性。她们很在乎别人怎么想，一心想结交有自信的对象。她们重视地位和影响力，最适合有着很高社会地位的男性。

摩羯座女生在相亲中，需要较长时间才能让别人了解，因此要有打持久战的准备，对那些没有发现她是个“金镶玉”的逃跑者，摩羯座女生不必太在意。

适合的相亲装扮

不能以漂亮取胜的魔羯座女生也不必着急，可以以端庄的套装传达出自己稳重大方一面，而颜色上则最好选择俏丽的浅色系，稳重而不失天真。

适合的相亲地点

中国风格的餐馆是个不错的选择。魔羯们向来擅长厨艺，吃饭顺带聊聊美食，就算碰到不满意的对象，也不致太过冷场。

适合的相亲对象

1. 巨蟹座男生，巨蟹男的温情会使摩羯女的性格开朗起来。

2. 处女座男生，处女男将是摩羯女理想和幸福的结合。

3. 金牛座男生，金牛男和摩羯女共同语言甚多，能建立一个安定和睦的家庭。

水瓶座女生相亲指南

水瓶座女性是头脑和心灵的混合体。她们好奇心强，常常把强烈的愿望和独立精神融合在一起。她们反习俗，不愿意随声附和，说话和做事全凭自己的兴趣，有开拓的精神，创新，博爱，神秘，像是一匹强劲的黑马，她们洒脱，不爱钱，注重精神层面，很看重朋友。

知性的水瓶座女生，向来是聊天的好对象，因为她们上知天文、下知地理，对新信息充满兴趣，说笑起来比男生更要开放，对任何稀奇古怪的事都能听得津津有味，也不排斥各种天马行空的思想，很容易和相亲对象打成一片。

她们只要能保持善解人意的形象，就能轻而易举地成为任何人的好朋友，吸引众多的追求者。相亲成功的最大关键在于在坚持自己的同时，还要保有女生的矜持，不能放得太开。

适合的相亲装扮

有漂流气质的水瓶座女生，是常受人赞许的气质美女，在轻巧的蓝白色调洋装上加些小搭配，既知性，又感性，倍受青睐。

适合的相亲地点

美术展览馆是很好的约会地点，尤其追求精神上契合的水瓶座女生更能通过一个展览看出对方同自己的思想是否合拍，以便确定下次相约的机会。

适合的相亲对象

1．狮子座男生，狮子男会对水瓶女产生好感，双方对事业有共同的愿望和共同的追求。

2．双子座男生，双子男的求知欲和真诚的友谊，会打动水瓶女的心弦。双方会在志趣相投之中和谐地生活。

3．天秤座男生，天秤男的灵感和对美的向往能够激起水瓶女心中爱的火花。

双鱼座女生相亲指南

双鱼座女生性情温柔，易于相处，身上有一种令人难以抵御的奇异魅力，浪漫且富有幻想，对生活充满热情，但很多双鱼座女生都缺乏应变的能力，十分需要有人保护，喜欢别人把一切都替她安排就序。她们像天真可爱的孩子，希望自己是丈夫的掌上明珠。

适合的相亲装扮

一身蕾丝花边的粉色公主裙，能令双鱼女越发像童话人物，惹人爱怜，不妨多参考此类打扮，波浪长卷发更能增加甜美浪漫的气息，人见人爱。

适合的相亲地点

浪漫的咖啡馆是最佳去处，不过缺点是容易冷场，如果碰到不合适的相亲对象，就会略显尴尬。

适合的相亲对象

1．处女座男生，处女座男生真诚而谨慎，很懂得理解、支持和尊重对方。

2．巨蟹座男生，巨蟹男和双鱼女在性格上有许多共同之处，彼此心照不宣就能理解对方，双方相处起来自然，和谐。

3．天蝎座男生，天蝎男容易对双鱼女产生好感，并会用富有激情的爱打动双鱼女的心，而双鱼女也喜欢天蝎男的气质和力量。

非诚勿扰 I

第九章

十二星座男生相亲指南

想要相亲成功，需要深入了解自己，了解对方，知道自己真正的需要。对男人来说，这一点尤其重要。很多男人自身很优秀，相亲无数，但却总是找不到意中人。就像误入花丛，乱花渐欲迷人眼，始终不清楚自己该摘哪一朵。其实，要做到这些并不难，只要你了解自身的性格特点，就会明白自己真正需要什么样的恋人。

为了你的幸福爱情，未雨绸缪的工作现在就开始吧。让我们来看看十二星座男生到底需要什么样的另一半。

白羊座：需要贤妻良母型的女人

白羊男是事业心强、有梦想的一群人，第一，他们需要被崇拜，需要被粉丝爱戴；第二，他们知道自己需要自己人的帮忙；第三，其实白羊男，尤其是年龄大点儿的白羊男还是很懂得感恩的。

白羊男在生活中需要一个坚实的后盾，让自己无后顾之忧，能够一心一意扑在事业上，所以，白羊男需要的是那种贤妻良母型的恋人。

金牛座：需要能分担责任的女人

金牛座的男人是典型的走闷骚路线的人，不要以为他们看起来老老实实的就认们他们很好搞定，其实他们在心里盘算得很清楚。不过，金牛男骨子里还是比较单纯的，他们喜欢简单的东西，一般是走精专路线的人，在很多专业方面他们可能都是很厉害的。

但是对于一些他们不感兴趣的事情就显得很白痴，即便那些事是他们必须面对的，一旦自己的另一半能帮他们挑起那些他们不想碰的担子，基本上，他们会对另一半忠贞不二。

双子座：需要独立自主的女人

双子男是出了名的花心大王，擅长勾三搭四的他们永远都有一堆备胎或者一堆目标放在那里候着。他爱好广泛，对另一半没有固定的模式，什么样的女人他都愿意尝试，投其所好这一招对他们的用处不大。

有的人说双子男喜欢“犯贱”，这个说法换个角度说还是有一定道理的，有主见的独立女生对他会有比较长久的吸引力。我们给女生的建议是：不要去黏双子男，让他来黏你。

巨蟹座：需要找一个精神依靠

巨蟹男要找的其实就是依靠，这个世界不仅仅女人需要依靠，男人也一样，如果你总是那个能在第一时间安抚他敏感不安的女人，并且，你和他的家人关系良好，何止是不离不弃，他的目标会是一生一世守护你。

事实上，巨蟹男还是比较内秀的一群人，不要以为会煮饭的男人就是宅男，他们其实一样也很有事业心，所以一旦你能成为他的左右手，他很容易对你死心塌地。

狮子座：需要内外兼修的女人

狮子座的男人自认为是大男人中的大男人，要想拿住他，粉丝般的崇拜是必不可少的；其次，帮他做好他无暇顾及的事，你的地位就直线上升了。

狮子座的男人其实很喜欢看到家庭美满的和谐景象，所以爱面子的他们是很容易依赖贤妻良母的。

当然，不要以为你只要做到贤良淑德就万事ok了，别忘了他们是很爱面子的一群人，所以你不必一定要艳惊四座，但一定要让他觉得带你出去是不会丢面子的。

处女座：需要优雅独立的女人

鸡蛋里面挑骨头是处女男的习惯，如果你想要千方百计讨好他只能是累死累活，还收效甚微，其实，只要你一直保持积极进步的状态，优雅独立地过好自己的精彩生活，就足够了。尤其是那些知性女士，会让他们格外欣赏，让他怕被你甩掉比你怕被他甩掉要来得靠谱得多。

要特别注意他们平时的唠叨，千万不要当成耳旁风，更不要以为撒撒娇就能把问题解决掉，他们会一笔一笔地记在心上，对于屡教不改的人，他们的忍耐程度有限。

天秤座：需要事业上的得力助手

天秤男是看起来最挑剔的一个群体，似乎他们一直就在挑挑拣拣。要想让他对你不离不弃，首先要成为他的得力助手，在事业上能给他以帮助。他是一个很需要参考意见的人，要让他身边的人都接受你、赞赏你，因为对他而言，他身边的人怎样看你、怎样看你们的关系是非常重要的。

天蝎座：需要温顺聪明的女人

天蝎男很容易死心眼儿，当他们专一起来的时候他们是很专一的，只要不经常挑战他们的权威，他们是很乖巧的，凡事先顺着他们，再慢慢扭转乾坤，千万不要直接和他们冲撞，他们其实不是特别擅长和人深度交往的。

他们多半属于专业型的人才，所以帮他们处理他们专业之外的烫手山芋，他慢慢地就会依赖上你，当达到一定的程度的时候，你就成了他生命中不可或缺的那部分了。

射手座：需要不黏人的女人

要想把天生就爱四处历险的他们放在身边，与其捆住他，让他“身在曹营心在汉”，时刻琢磨着叛变，不如放他出去，也算是给自己一片空间。

不要黏他太死，保持自己独立的个性，不断让他看到你的新思想，不要总摆出一副受了委屈的小媳妇的样子，别好像跟了他就成了他身上的狗皮膏药一样，这样会吓死他的。他不是没有责任感的人，只是责任担子太沉了，他就不敢把担子往身上担了。

只有让他欣赏你，而不是让你去绊住他，才能真正让他把对花花世界的注意力转移到你的身上。

魔羯座：需要简单单纯的女人

魔羯男是很有事业心的，务实的他们能很冷静地区分正统夫人和莺莺燕燕的女人，所以一旦他默认你可以成为他的夫人，基本上他会对你不离不弃，但在这之前，他会考虑很多。

他是一个以事业为重的人，所以他首先会考虑你会不会影响他的事业，他不太喜欢太浮躁、太麻烦的女生，如果你对他的事业不是很有帮助，不是属于能够成为他优秀合作伙伴的女能人，那你最好是一个能让他无后顾之忧的贤妻良母。

水瓶座：需要精明能干的女人

水瓶男不太在乎自己的外形和身价，但这并不代表什么样的女人都可以在他身边长期待下去。水瓶男是生活上的白痴，所以他们需要女能人，虽然不一定是女强人。不能干的女人很难在他们漂移不定的心里留下印记，只有让他依赖的女人才能让他有不想舍弃的念头。

双鱼座：需要温和懂事的女人

很多人都认为双鱼是梦幻的，他们天真、浪漫、不切实际，但这只不过是很多人想当然的想法而已。双鱼一旦务实起来，那是谁都比不上的。

对温和懂事，又能够独立自主、不给他添麻烦的女生，他是最关注的。其实在梦幻之余，双鱼男们私底下一直在思考如何让自己的现实生活变得更好，他们喜欢戏剧化的东西，但也别指望他们愿意一辈子陪你戏剧化。

第十章

十二生肖般配宝典

在我国传统观念中，十二生肖都有着自己的独特个性，并且，十二生肖之间，谁与谁比较般配，谁与谁不易白头到老，都有着一套很奇妙的说法。

当然，我们坚信，决定两个人能不能走到最后的原因，纷繁复杂，绝不能仅仅凭借两人的属相就得出他们“合”或“不合”的结论，但是，看属相是否般配作为一种传统婚恋指导手段，我们完全可以把它作为一种带有趣味性的参考意见，毕竟，多了解一些传统文化总不是坏事，何况，很多父母长辈还是很在乎这一点的，你说呢?

你准备好了吗，我们开课了!

十二生肖的来历

相传古人以十二种动物来代表十二地支、十二个月令，这种观点最早由汉朝的东方朔提出。在东汉王充写的《论衡》中有一篇叫《言毒篇》的文章，其中就提到了十二种动物的名称，并且，东汉还出现了用十二生肖来计年的习惯。

至于为什么要单单选定鼠、牛、虎等这十二种动物，一开始可能与古代的部落图腾有关。据传，古代各部落都会选择一种特别惧怕或特别喜爱的动物，以其形象作为本部落的标志。

但也有人认为，十二生肖是因为记时才出现的。我们都知道，我国古代的天文学家将一昼夜分为十二个时辰，后来，人们为了方便记忆这十二个时辰，就依照生活中常见或民间熟悉的十二种动物的生活习性，确定了十二生肖。十二生肖所对应的具体时间及含义如下：

夜晚十一点至次日凌晨一点，是子时。因为这个时间正是老鼠趁着夜深人静，频繁活动的时候，人称“子鼠”。

凌晨一点至三点，是丑时。因为牛总是习惯在夜间吃草，而农家也有深夜起来挑灯喂牛的习惯，人称“丑牛”。

凌晨三点至五点，是寅时。民间有说法，这个时候出现在山林中的老虎是最凶猛的，古人也常会在这个时候听到虎啸，人称“寅虎”。

清晨五点至七点，是卯时。天刚蒙蒙亮，兔子就出窝了，它们喜欢吃那带有一点儿晨露的青草，人称“卯兔”。

早上七点至九点，是辰时。这个时候，尤其在冬日，天上一般容易起雾，而在古代传说中，龙正是一种特别喜欢腾云驾雾的动物，人称“辰龙”。

上午九点至十一点，是巳时。此时，随着日出东方，天空中的雾也渐渐散去了，艳阳高照的时候，蛇类也喜欢出洞觅食，人称“巳蛇”。

中午十一点至一点，是午时。在古代，还未被人类驯服的野马，总喜欢在这个时候四处奔跑嘶鸣，人称“午马”。

下午一点至三点，是未时。直到现在还有些地方称这个时候为“羊出坡”，意为此时是放羊的好时候，人称“未羊”。

下午三点至五点，是申时。此时太阳已经偏西了，而猴子最喜欢在这个时候啼叫，人称“申猴”。

下午五点至七点，是酉时。这个时候，太阳已经落山了，鸡在鸡窝前打转，准备回窝休息了，人称“酉鸡”。

傍晚七点至九点，是戌时。人们在劳碌了一天后，大都准备洗洗睡觉了，而忠实的狗会卧在门前或院落里尽到自己看家守院的职责，一有动静，就会汪汪大叫着报警，人称“戌狗”。

晚上九点至十一点，是亥时。此时已是夜深人静，但那些贪吃的猪会发出拱槽和吃食的声音，人称“亥猪”。

下面，我们就来具体看看十二生肖的各自特点及最佳婚配搭档吧！

秉性聪明的子鼠

子鼠是十二生肖中的头一个，肖鼠的人有什么样的特点呢？

据专家总结，他们大多在做事的时候态度积极、勤奋努力，身兼灵活的头脑与灵巧的手脚。他们一般待人和蔼，自我约束力也不错，遇到事情时大都能替别人着想。他们对环境的适应性比较强，善于结交各方面的朋友。情绪上有些多愁善感，很多人在性格稍微有些内向，但他们有着细致的观察力和有条理的思维方式。

他们容易具有的弱点是，遇事容易胆小退缩，在处理一些问题的时候会显得有些目光短浅。

最佳相亲着装

温柔和细心是大多数肖鼠人的气质，他们体贴的个性很容易温暖另一半不安的心，所以，建议肖鼠的人在相亲的时候应该身着明快、活泼的装束。

易入的感情误区

肖鼠的人一般精力充沛，也知道自己要的是什么，面对一段无须留恋的感情，他们多半能当断则断，对他们而言这不是一件难事。但在面对自己想获得的感情时，很多肖鼠的人都缺那临门一脚，此时，他们很可能会因为内心的过分在意而优柔寡断，以致功败垂成。这可能是他们性格上的特点造成的，如猜疑心重、易怒、过于挑剔，等等。

各月最佳婚配属相

一月生的肖鼠者，热情努力是他们的标签。此月生的女性宜配牛年生的男性，此月生的男性宜配牛年生的女性。

二月生的肖鼠者，多半有着敏锐的直觉。此月生的女性宜配龙年生的男性，此月生的男性宜配羊年生的女性。

三月生的肖鼠者，可能在性格上有点复杂。此月生的女性宜配蛇年生的男性，此月生的男性宜配马年生的女性。

四月生的肖鼠者，会显得老成持重。此月生的女性宜配狗年生的男性，此月生的男性宜配狗年生的女性。

五月生的肖鼠者，通常会有远大的抱负。此月生的女性宜配龙年生的男性，此月生的男性宜配牛年生的女性。

六月生的肖鼠者，会有很强的想当领袖的欲望。此月生的女性宜配虎年生的男性，此月生的男性宜配猴年生的女性。

七月生的肖鼠者，常常是外柔内刚的。此月生的女性宜配龙年生的男性，此月生的男性宜配猴年生的女性。

八月生的肖鼠者，为人机敏，反应很快。此月生的女性宜配鸡年生的男性，此月生的男性宜配狗年生的女性。

九月生的肖鼠者，喜欢严于律已的生活。此月生的女性宜配虎年生的男性，此月生的男性宜配羊年生的女性。

十月生的肖鼠者，常常会有让人意外的大胆行动。此月生的女性宜配鸡年生的男性，此月生的男性宜配猴年生的女性。

十一月生的肖鼠者，意志一般都比较坚强。此月生的女性宜配龙年生的男性，此月生的男性宜配狗年生的女性。

十二月生的肖鼠者，愿意坦诚宽容地对待别人。此月生的女性宜配牛年生的男性，此月生的男性宜配猴年生的女性。

百折不挠的丑牛

一般认为，牛年生的人多半勤奋努力，在事业上有强烈的进取心。他们的性格忠厚老实，有很强的责任心，做事也有耐力。他们充满着正义感，遇见不平之事，会时不时地来一个“一声吼”，并且他们还有着稳定的个性和勤俭持家的良好习惯。

但说了这么多，并不意味着牛年生的人是个完人，他们身上过也有不可回避的弱点，比如有时候愿意固执已见，一旦认定了死理就不愿通融，更有甚者，会有钻“牛角尖”的脾气。

最佳相亲穿着

牛们大多是比较有主见的人，他们不需要受流行趋势的过分影响，只要依照自己的个性与品位，穿着自然、大方就可以了。

易入的感情误区

属牛的人，大多都对自己很有信心，他们轻易不会妥协，也不愿意为了实现自己的目的而去奉承、献媚，甚至偶尔还会对别人的软弱表示轻蔑。但这样特立独行的个性会使靠近他们的人变得紧张、拘束，假如他们能不时时高举严肃的道德大旗，在日常生活中，多些热情与幽默，相信他们很快就能在感情世界中拥有自己的一片天空。

各月最佳婚配属相

一月生的肖牛者，是富于创造力才子才女。此月生的女性宜配龙年生的男性，此月生的男性宜配狗年生的女性。

二月生的肖牛者，在性格上会有一些矛盾的地方。此月生的女性宜配虎年生的男性，此月生的男性宜配猴年生的女性。

三月生的肖牛者，往往喜欢独断独行。此月生的女性宜配蛇年生的男性，此月生的男性宜配鸡年生的女性。

四月生的肖牛者，有着做事善始善终的优秀品质。此月生的女性宜配鸡年生的男性，此月生的男性宜配兔年生的女性。

五月生的肖牛者，多半性情易变，让人难以捉摸。此月生的女性宜配虎年生的男性，此月生的男性宜配兔年生的女性。

六月生的肖牛者，很多人都具有双重性格。此月生的女性宜配虎年生的男性，此月生的男性宜配猪年生的女性。

七月生的肖牛者，在性格上有着顽固不屈的一面。此月生的女性宜配鸡年生的男性，此月生的男性宜配狗年生的女性。

八月生的肖牛者，在社交上有着自己独到的一面。此月生的女性宜配蛇年生的男性，此月生的男性宜配猪年生的女性。

九月生的肖牛者，总是显得聪明又机智。此月生的女性宜配马年生的男性，此月生的男性宜配兔年生的女性。

十月生的肖牛者，在性格上总是豪迈磊落。此月生的女性宜配狗年生的男性，此月生的男性宜配猴年生的女性。

十一月生的肖牛者，做事富于计划性。此月生的女性与男性在婚配上只需避开属羊的异性就可以了。

十二月生的肖牛者，对环境的适应性很强。此月生的女性宜配鼠年生的男性，此月生的男性宜配鸡年生的女性。

傲视群雄的寅虎

在人们眼中，肖虎者总是显得很有朝气，充满了雄心壮志。他们大多有着勇于开拓的精神，待人热情大方，做事顽强有自信，但有时候也难免有些刚愎自用。他们富有正义感，遇到事情的时候还乐于助人。

但是，肖虎者在感情上的掌控能力不是那么好，他们容易陷入一段恋情中难以自拔，有时候还会自以为是。大部分肖虎者都稍微有点孤傲任性。

最佳相亲穿着

由于他们的个性总是开朗而又富有行动力，因此，运动服或牛仔裤就等休闲装就非常能展现他们的独特气质。由于他们敢作敢为的个性，建议不要为了凸显自己的好身材或是掩饰身材上的缺陷，而穿一些奇装异服，这样恐怕不会获得相亲对象的青睐。

易入的感情误区

肖虎者的心地多半很仁慈，不论他们外边看起来多酷，在他们内心深处，大都喜欢天真无邪的小孩子，还喜欢温馨舒适的气氛。由于他们身上的执著品质，一旦深爱上一个人，他们都会使出浑身解数，发挥出自己的全部力量去努力争取，但有时他们冲动言行往往会把对方吓跑，错失了爱人。

各月最佳婚配属相

一月生的肖虎者，显得老实而忠厚。此月生的女性宜配兔年生的男性，此月生的男性宜配龙年生的女性。

二月生的肖虎者，做事喜欢讲究效率，是个行动派。此月生的女性宜配蛇年生的男性，此月生的男性宜配鼠年生的女性。

三月生的肖虎者，多半富同情心，愿意助人为乐。此月生的女性宜配兔年生的男性，此月生的男性宜配狗年生的女性。

四月生的肖虎者，总是有很强的独立性。此月生的女性宜配狗年生的男性，此月生的男性宜配蛇年生的女性。

五月生的肖虎者，多有优美的气质。此月生的女性宜配牛年生的男性，此月生的男性宜配蛇年生的女性。

六月生的肖虎者，有时候做事会显得有些盲目。此月生的女性宜配兔年生的男性，此月生的男性宜配鼠年生的女性。

七月生的肖虎者，总是显得精力过人。此月生的女性宜配蛇年生的男性，此月生的男性宜配牛年生的女性。

八月生的肖虎者，做起事来有很强的独立性。此月生的女性宜配兔年生的男性，此月生的男性宜配牛年生的女性。

九月生的肖虎者，在生活上颇为讲究。此月生的女性宜配鼠年生的男性，此月生的男性宜配蛇年生的女性。

十月生的肖虎者，一生都有比较好的运气。此月生的女性宜配猪年生的男性，此月生的男性宜配兔年生的女性。

十一月生的肖虎者，有着活泼外向的性格。此月生的女性宜配虎年生的男性，此月生的男性宜配鼠年生的女性。

十二月生的肖虎者，有着很强的自信心。此月生的女性宜配兔年生的男性，此月生的男性宜配猴年生的女性。

气质优雅的卯兔

属兔的人多半是温柔、善良、乐观的，他们有着细腻的感情，看上去精明灵活，与他人相处的时候愿意体谅他人。他们气质高雅，遇事能忍耐谦让，不愿意与别人起争执。

但很多时候在他们的内心里又有一些虚荣，容易在急躁心理的干扰下犯下一些错误，并且，很多卯兔虽说很想改变现状，但又愿意满足于现状，得过且过。

最佳相亲穿着

卯兔不论男女，身上一般都会洋溢着一种大都市般的气息，他们大多有着令人愉悦的谈吐，所以在服饰上，他们应力求做到大方得体，不要一味求新、求异，得体的着装会令对方对他们的优雅格调着迷。

易入的感情误区

卯兔一般都有着很不错的人缘，他们才华出众，在观念上有些保守但并不固执，有时候会陷入对感情的忧虑中，这与他们天性中的怯懦与很重的猜忌心有着很大的关系。因此，卯兔必须适当地改变自己性格中那古板、猜疑的一面，这样才能在感情上给予对方安全感。

各月最佳婚配属相

一月生的肖兔者，多半有着无拘无束的个性。此月生的女性宜配蛇年生的男性，此月生的男性宜配羊年生的女性。

二月生的肖兔者，向往多姿多彩的生活。此月生的女性宜配龙年生的男性，此月生的男性宜配龙年生的女性。

三月生的肖兔者，做事有虎头蛇尾之嫌。此月生的女性宜配猪年生的男性，此月生的男性宜配猴年生的女性。

四月生的肖兔者，多半有很强的办事能力。此月生的女性宜配牛年生的男性，此月生的男性宜配狗年生的女性。

五月生的肖兔者，在思想上总是很单纯。此月生的女性宜配狗年生的男性，此月生的男性宜配猴年生的女性。

六月生的肖兔者，喜欢追求实际的生活，头脑清醒。此月生的女性宜配猪年生的男性，此月生的男性宜配羊年生的女性。

七月生的肖兔者，考虑问题很理智且遇事镇定。此月生的女性宜配马年生的男性，此月生的男性宜配虎年生的女性。

八月生的肖兔者，有着永不言败的个性。此月生的女性宜配马年生的男性，此月生的男性宜配牛年生的女性。

九月生的肖兔者，很多人都或多或少地有着双重性格。此月生的女性宜配蛇年生的男性，此月生的男性宜配虎年生的女性。

十月生的肖兔者，向往丰富的感情经历。此月生的女性宜配狗年生的男性，此月生的男性宜配兔年生的女性。

十一月生的肖兔者，性格上老实内向。此月生的女性宜配蛇年生的男性，此月生的男性宜配狗年生的女性。

十二月生的肖兔者，喜欢依赖周围的人。此月生的女性宜配虎年生的男性，此月生的男性宜配猪年生的女性。

理想远大的辰龙

辰龙有着勇往直前的品质，有着很强的进取心。他们做起事情来专心致志，既果断又努力。他们孝顺长辈，对人慷慨且善于理财。他们有着聪明的头脑，不仅有出众的才能，而且有良好的气质。

也由于他们的出类拔萃，他们有时做事会显得急躁，在态度上有些盛气凌人，遇事主观固执，显得有些争强好胜，不愿服输，给周围人带来压力。

最佳相亲穿着

性格活泼且踏实的辰龙，嘴角经常挂着和煦的微笑。他们浪漫的本性，足以使对方感受到极大的魅力。相亲时搭配适合自己肤色的衣服，再洒一些味道清雅的香水，就很可能获得异性的青睐。

易入的感情误区

肖龙者几乎都有过人的胆识和飞扬的才气，他们的才气与慷慨气度，是他们在感情上赢得胜利的最佳利器，但是，不可否认的是，很多肖龙者的脾气都不是很好，他们易怒、倔强的个性和与生俱来的骄傲，还有很多不切实际的远大理想，很可能会把另一半吓跑。对于这一点，聪明的肖龙者应该多注意调整。

各月最佳婚配属相

一月生的肖龙者，大都是踏实的行动派。此月生的女性宜配牛年生的男性，此月生的男性宜配牛年生的女性。

二月生的肖龙者，有很强的逻辑推理能力。此月生的女性宜配羊年生的男性，此月生的男性宜配鸡年生的女性。

三月生的肖龙者，有很强的自我意识，轻易不服输。此月生的女性宜配马年生的男性，此月生的男性宜配羊年生的女性。

四月生的肖龙者，性格大方豪放。此月生的女性宜配马年生的男性，此月生的男性宜配鼠年生的女性。

五月生的肖龙者，待人亲切、性格开朗。此月生的女性宜配蛇年生的男性，此月生的男性宜配马年生的女性。

六月生的肖龙者，有很强的荣誉感。此月生的女性宜配牛年生的男性，此月生的男性宜配鸡年生的女性。

七月生的肖龙者，在工作上非常勤奋。此月生的女性宜配蛇年生的男性，此月生的男性宜配鼠年生的女性。

八月生的肖龙者，头脑机灵、办事聪颖。此月生的女性宜配兔年生的男性，此月生的男性宜配鸡年生的女性。

九月生的肖龙者，有很强的经济头脑，善于理财。此月生的女性宜配虎年生的男性，此月生的男性宜配鼠年生的女性。

十月生的肖龙者，诚实勇敢、待人忠厚。此月生的女性宜配龙年生的男性，此月生的男性宜配鼠年生的女性。

十一月生的肖龙者，性格孤独、多愁善感。此月生的女性宜配马年生的男性，此月生的男性宜配牛年生的女性。

十二月生的肖龙者，有着不达目标绝不罢休的气魄。此月生的女性宜配牛年生的男性，此月生的男性宜配马年生的女性。

勇于挑战的巳蛇

巳蛇对待事业总是专心致志、认真负责。他们心灵手巧，考虑问题思维敏捷。他们有着充沛的精力，性格上随和且开朗。他们虽然看上去沉着冷静，但有图一时口舌之快，留下得罪人的隐患。

巳蛇虽然有着专心于事业的优秀品质，但有时也会纠结于某个问题左摇右摆，有些巳蛇还显得心胸狭窄，爱钻“牛角尖”。性情多疑是他们的普遍特点，想获得巳蛇的信任可不是一件容易的事。

最佳相亲穿着

颇具都市气息的巳蛇，可以考虑穿着成熟及时髦的服装，他们迷人的外表很容易深深地吸引住对方。在衣服的颜色上，卡其色或淡色系都是不错的选择。

易入的感情误区

巳蛇是比较多情的人，这也常常为他们引来不少桃花。但由于巳蛇对事物的天生敏感与警觉性，他们即使已经在心中产生了异样热情，仍然会对心仪之人心存戒备，这一点，很容易令对方受到伤害。

各月最佳婚配属相

一月生的肖蛇者，有着努力开拓未来的远大理想。此月生的女性宜配牛年生的男性，此月生的男性宜配猴年生的女性。

二月生的肖蛇者，性情忽冷忽热，难以捉摸。此月生的女性宜配虎年生的男性，此月生的男性宜配兔年生的女性。

三月生的肖蛇者，比较敏感。此月生的女性宜配蛇年生的男性，此月生的男性宜配兔年生的女性。

四月生的肖蛇者，往往过分自信。此月生的女性宜配猴年生的男性，此月生的男性宜配牛年生的女性。

五月生的肖蛇者，有着极端自我的个性。此月生的女性宜配猴年生的男性，此月生的男性宜配虎年生的女性。

六月生的肖蛇者，行动敏捷迅速。此月生的女性宜配蛇年生的男性，次月生的男性宜配虎年生的女性。

七月生的肖蛇者，有很强的适应性。此月生的女性宜配鸡年生的男性，此月生的男性宜配虎年生的女性。

八月生的肖蛇者，性格外向且好奇心强。此月生的女性宜配兔年生的男性，此月生的男性宜配蛇年生的女性。

九月生的肖蛇者，有着勇于斗争的气概。此月生的女性宜配蛇年生的男性，此月生的男性宜配兔年生的女性。

十月生的肖蛇者，在心理上有些晚熟。此月生的女性宜配羊年生的男性，此月生的男性宜配猴年生的女性。

十一月生的肖蛇者，喜动不喜静。此月生的女性宜配羊年生的男性，此月生的男性宜配马年生的女性。

十二月生的肖蛇者，性格坦白直率。此月生的女性宜配鸡年生的男性，此月生的男性宜配兔年生的女性。

开朗积极的午马

午马精力旺盛，性格刚毅果断。他们善恶分明，对人耿直热情。他们有着不错的口才，能言善辩，遇事勇往直前，不会轻易认输。

很多午马遇事欠缺冷静，有时甚至会因为急躁坏事，个性大多有些倔强。

最佳相亲穿着

午马总喜欢穿着些与众不同的衣服，暗色系是最适合他们的。除此之外，干练、得体的牛仔服饰也是不错的选择。

易入的感情误区

午马对于爱情总会有一种浓浓的危机意识，一旦陷入牵肠挂肚的爱情中，他们会很容易失去自我，但一旦在感情上遇到问题又会想逃避，这样前后忽冷忽热的态度，很容易使对方心灰意冷。

各月最佳婚配属相

一月生的肖马者，多半有着坚强的性格。此月生的女性宜配猪年生的男性，此月生的男性宜配牛年生的女性。

二月生的肖马者，有着宽大的度量。此月生的女性宜配狗年生的男性，此月生的男性宜配龙年生的女性。

三月生的肖马者，头脑中充满了各色梦想。此月生的女性宜配牛年生的男性，此月生的男性宜配猴年生的女性。

四月生的肖马者，性格外向活泼。此月生的女性宜配蛇年生的男性，此月生的男性宜配羊年生的女性。

五月生的肖马者，大都有数学头脑。此月生的女性宜配鼠年生的男性，此月生的男性宜配鼠年生的女性。

六月生的肖马者，在各种环境中都有着引人注目的本领。此月生的女性宜配猴年生的男性，此月生的男性宜配羊年生的女性。

七月生的肖马者，心地总是很善良。此月生的女性宜配狗年生的男性，此月生的男性宜配兔年生的女性。

八月生的肖马者，因为性格原因人缘不是很好。此月生的女性宜配狗年生的男性，此月生的男性宜配蛇年生的女性。

九月生的肖马者，颇讲义气。此月生的女性宜配兔年生的男性，此月生的男性宜配龙年生的女性。

十月生的肖马者，是个非常细心的人。此月生的女性宜配牛年生的男性，此月生的男性宜配虎年生的女性。

十一月生的肖马者，大多安于现状。此月生的女性宜配羊年生的男性，此月生的男性宜配马年生的女性。

十二月生的肖马者，性格冲动外向。此月生的女性宜配猪年生的男性，此月生的男性宜配龙年生的女性。

温顺坚强的未羊

未羊有着极富创造性的研究欲。他们个性善良，待人宽厚，遇事顺从。他们做事有耐心，不愿意惹是非，有很好的适应环境的能力。

很多未羊在感情上显得很单纯，主观判断力也不够好，有时候难免随波逐流，显得优柔寡断。

最佳相亲穿着

最适合未羊的服装，应该是与其气质相吻合的平易近人的服装，这样会更增加未羊身上那善解人意的魅力，容易成为异性追求的目标，服装颜色以米色或白色为佳。

易入的感情误区

未羊挺善于利用巧妙的方法去获得爱人的心，他们面对任何事情都是慢慢推敲，不急不躁，这样稳扎稳打的方式也的确让未羊获益匪浅。但凡事过犹不及，有时候，未羊专注于点点滴滴的进步，反而会忽略大局，因为时间拖得太久而错失良机，或给别人留下乘虚而入的机会，这一点需要引起未羊的注意。

各月最佳婚配属相

一月生的肖羊者，容易因为踌躇拖拉而错失良机。此月生的女性宜配蛇年生的男性，此月生的男性宜配兔年生的女性。

二月生的肖羊者，是天生的乐天派。此月生的女性宜配虎年生的男性，此月生的男性宜配虎年生的女性。

三月生的肖羊者，性格上沉默寡言。此月生的女性宜配马年生的男性，此月生的男性宜配马年生的女性。

四月生的肖羊者，遇到问题勤于且善于思考。此月生的女性宜配龙年生的男性，此月生的男性宜配鸡年生的女性。

五月生的肖羊者，有着敏锐的直觉。此月生的女性宜配猴年生的男性，此月生的男性宜配狗年生的女性。

六月生的肖羊者，处世多半比较圆滑。此月生的女性宜配马年生的男性，此月生的男性宜配鼠年生的女性。

七月生的肖羊者，为人诚实努力。此月生的女性宜配兔年生的男性，此月生的男性宜配马年生的女性。

八月生的肖羊者，对于美，有着一种特殊的感受力。此月生的女性宜配鼠年生的男性，此月生的男性宜配龙年生的女性。

九月生的肖羊者，处事认真执著。此月生的女性宜配狗年生的男性，此月生的男性宜配马年生的女性。

十月生的肖羊者，有着沉着冷静的性格。此月生的女性宜配虎年生的男性，此月生的男性宜配马年生的女性。

十一月生的肖羊者，大多口才不错。此月生的女性宜配马年生的男性，此月生的男性宜配虎年生的女性。

十二月生的肖羊者，心地大多很善良。此月生男女在婚配上除了肖牛者，其余属相都适宜婚配。

聪明灵活的申猴

申猴大多有进取心，喜欢与别人进行竞争。他们多才多艺，是难得的多面手。他们愿意过浪漫生活，不愿意受人拘束。他们基本上都能与别人融洽地相处，也很善于应酬。

很多申猴性情多变，他们有时会因为缺乏耐心而失去很好的机会。

最佳相亲穿着

申猴喜欢紧追流行的脚步，建议根据自身特点选择流行服饰，但不要过于前卫，免得吓坏对方。可参考清爽亮丽的流行色彩。

易入的感情误区

申猴天生有些恃才傲物的资本，如果不注意思想上的这种倾向，做事做到最后很可能前功尽弃。

各月最佳婚配属相

一月生的肖猴者，是个脚踏实地的行动派。此月生的女性宜配羊年生的男性，此月生的男性宜配猪年生的女性。

二月生的肖猴者，是个乐天派。此月生的女性宜配鼠年生的男性，此月生的男性宜配蛇年生的女性。

三月生的肖猴者，凡事兴趣至上。此月生的女性宜配鼠年生的男性，此月生的男性宜配羊年生的女性。

四月生的肖猴者，在思想上积极向上。此月生的女性宜配兔年生的男性，此月生的男性宜配牛年生的女性。

五月生的肖猴者，大多是不满现状的改革家。此月生的女性宜配蛇年生的男性，此月生的男性宜配马年生的女性。

六月生的肖猴者，行事有些情绪化，让人难以捉摸。此月生的女性宜配牛年生的男性，此月生的男性宜配羊年生的女性。

七月生的肖猴者，一般都有较好的口才。此月生的女性宜配马年生的男性，此月生的男性宜配狗年生的女性。

八月生的肖猴者，做事中规中矩。此月生的女性宜配猪年生的男性，此月生的男性宜配狗年生的女性。

九月生的肖猴者，在自信上有些缺乏。此月生的女性宜配兔年生的男性，此月生的男性宜配马年生的女性。

十月生的肖猴者，性格活泼好动。此月生的女性宜配猪年生的男性，此月生的男性宜配猪年生的女性。

十一月生的肖猴者，是个反对陈规陋习的革新者。此月生的女性宜配狗年生的男性，此月生的男性宜配羊年生的女性。

十二月生的肖猴者，是个喜欢玩乐的大孩子。此月生的女性宜配兔年生的男性，此月生的男性宜配马年生的女性。

先知先觉的酉鸡

酉鸡往往精力充沛，有着不俗的谈吐，他们凡事爱做调查研究，做事还讲究效率。对事物的判断果断且敏锐，热衷于表现自己。遇事勇往直前，有很强的好胜心，总想着能一鸣惊人。

但酉鸡的脾气大多有点古怪，还愿意与人争辩，固执己见，稍微有点自私。

最佳相亲穿着

对美有着极强领悟力的酉鸡，往往能在平凡中显示出他们的不俗。即使他们穿着朴素，也能把传统服饰穿出吸引人的效果。建议服饰选择以淡色系为主。

易入的感情误区

酉鸡有些独特，他们在个性表现上呈现两极分化：前者是勤奋刻苦，对异性有很大的吸引力，也能带给异性很大的安全感；后者则是情绪化十足，他们让异性饱受困惑。大部分酉鸡在性格上多少有着以上两种倾向，所以，努力发挥前者的优势，同时避免被后者拖累，就能让酉鸡在情场上春风得意。

各月最佳婚配属相

一月生的肖鸡者，具有很强的自我控制力。此月生的女性宜配猪年生的男性，此月生的男性宜配蛇年生的女性。

二月生的肖鸡者，自由是他们的最爱。此月生的女性宜配龙年生的男性，此月生的男性宜配鼠年生的女性。

三月生的肖鸡者，极富正义感。此月生的女性宜配龙年生的男性，此月生的男性宜配猴年生的女性。

四月生的肖鸡者，有着开朗外向的性情。此月生的女性宜配羊年生的男性，此月生的男性宜配蛇年生的女性。

五月生的肖鸡者，性格勤劳踏实。此月生的女性宜配蛇年生的男性，此月生的男性宜配鼠年生的女性。

六月生的肖鸡者，对事物十分敏感。此月生的女性宜配虎年生的男性，此月生的男性宜配牛年生的女性。

七月生的肖鸡者，性格急躁，缺乏耐心。此月生的女性宜配牛年生的男性，此月生的男性宜配羊年生的女性。

八月生的肖鸡者，性格自由且有些任性。此月生的女性宜配虎年生的男性，此月生的男性宜配猴年生的女性。

九月生的肖鸡者，往往有着大胆的作风。此月生的女性宜配猴年生的男性，此月生的男性宜配龙年生的女性。

十月生的肖鸡者，内心诚实而又厚道。此月生的女性宜配蛇年生的男性，此月生的男性宜配龙年生的女性。

十一月生的肖鸡者，性格单纯有爱心。此月生的女性宜配羊年生的男性，此月生的男性宜配龙年生的女性。

十二月生的肖鸡者，言谈举止极具煽动性。此月生的女性宜配猪年生的男性，此月生的男性宜配蛇年生的女性。

诚实和蔼的戌狗

戌狗一般都意志坚定，忠实可靠。他们崇尚正义与公平，遇事反应敏捷。他们头脑聪明且有见识，分析问题有条有理。他们一旦受到赏识能够忠人之事，也能吃苦，做事脚踏实地。

但很多戌狗在急切想达到目的的时候不时会犯急躁的毛病，做事盲目且顽固，一冲动就不计后果，有时甚至会因为眼前的小利而不顾长远利益。

最佳相亲穿着

戌狗不妨多尝试一些华丽的穿着，喜欢简朴、简单的戌狗一旦换装成功，往往能达到使人眼前一亮的出色效果。不要怕那些颜色鲜艳的衣服，它们能让戌狗看起来气色更好，给相亲对象带来耳目一新的感觉。

易入的感情误区

戌狗总喜欢以第一印象判断对方值不值得继续交往下去。缺乏随机应变能力的戌狗，会给自己的感情之路增添不小的障碍。太过依赖直觉的后果，就是使自己在不知不觉间失去真爱。

各月最佳婚配属相

一月生的肖狗者，内心悠闲又踏实。此月生的女性宜配羊年生的男性，此月生的男性宜配猪年生的女性。

二月生的肖狗者，喜欢有挑战性的事物。此月生的女性宜配虎年生的男性，此月生的男性宜配羊年生的女性。

三月生的肖狗者，很注重现实。此月生的女性宜配鼠年生的男性，此月生的男性宜配猪年生的女性。

四月生的肖狗者，往往有很大的野心。此月生的女性宜配马年生的男性，此月生的男性宜配牛年生的女性。

五月生的肖狗者，性格上直率可爱。此月生的女性宜配羊年生的男性，此月生的男性宜配马年生的女性。

六月生的肖狗者，总是守不住钱财。此月生的女性宜配牛年生的男性，此月生的男性宜配虎年生的女性。

七月生的肖狗者，善良又开朗。此月生的女性宜配虎年生的男性，此月生的男性宜配狗年生的女性。

八月生的肖狗者，是个善于发现问题的批评家。此月生的女性宜配兔年生的男性，此月生的男性宜配马年生的女性。

九月生的肖狗者，有着无拘无束的活泼个性。此月生的女性宜配马年生的男性，此月生的男性宜配虎年生的女性。

十月生的肖狗者，是个正直又和善的人。此月生的女性宜配猴年生的男性，此月生的男性宜配兔年生的女性。

十一月生的肖狗者，性格沉稳且有斗志。此月生的女性宜配马年生的男性，此月生的男性宜配鼠年生的女性。

十二月生的肖狗者，脚踏实地且用情专一。此月生的女性宜配鼠年生的男性，此月生的男性宜配马年生的女性。

冷静豪放的亥猪

亥猪待人真挚，个性诚实又富有同情心。他们往往有着旺盛的精力，做事专心致志，且有一股热心劲儿。他们愿意相信别人，对人对事都乐观开朗。

亥猪很容易对别人动感情，性格上又有些固执保守，看待问题还常常目光短浅，被人误会的时候往往会忍不住发脾气。

最佳相亲穿着

具有热心服务大众精神的亥猪，金、银色是他们的幸运色。但是，他们最大的魅力还是那招牌式的亲切笑容，他们一个善意的微笑往往就能很快拉近与相亲者之间的距离。

易入的感情误区

在亥猪的内心深处，其实愿意把自己对对方的好一点一点地慢慢表现出来，希望借着自己的真诚赢得异性的青睐，可惜的是，在凡事讲究效率的今天，这种慢工出细活般的示爱方式，往往会令自己错失良机。

各月最佳婚配属相

一月生的肖猪者，有着一根筋般的直性子。此月生的女性宜配兔年生的男性，此月生的男性宜配鼠年生的女性。

二月生的肖猪者，待人诚恳踏实。此月生的女性宜配虎年生的男性，此月生的男性宜配兔年生的女性。

三月生的肖猪者，在感情上容易冲动。此月生的女性宜配猴年生的男性，此月生的男性宜配虎年生的女性。

四月生的肖猪者，做事充满了斗志。此月生的女性宜配虎年生的男性，此月生的男性宜配狗年生的女性。

五月生的肖猪者，对周围人有很强的依赖性。此月生的女性宜配牛年生的男性，此月生的男性宜配马年生的女性。

六月生的肖猪者，往往多愁善感。此月生的女性宜配猴年生的男性，此月生的男性宜配猪年生的女性。

七月生的肖猪者，有生性懒惰的嫌疑。此月生的女性宜配马年生的男性，此月生的男性宜配羊年生的女性。

八月生的肖猪者，有旺盛的斗志。此月生的女性宜配虎年生的男性，此月生的男性宜配羊年生的女性。

九月生的肖猪者，是个凡事愿意亲力亲为的劳心者。此月生的女性宜配鼠年生的男性，此月生的男性宜配羊年生的女性。

十月生的肖猪者，性情热情开朗。此月生的女性宜配虎年生的男性，此月生的男性宜配羊年生的女性。

十一月生的肖猪者，在交际上不是很擅长。此月生的女性宜配马年生的男性，此月生的男性宜配猴年生的女性。

十二月生的肖猪者，有着果断的行动力。此月生的女性宜配虎年生的男性，此月生的男性宜配羊年生的女性。

附 录 1

相亲物语

1．作为女人，在相亲的时候，如果你对他有意，在适当的时候要给他信心，让他知道你也在乎他，矜持可以，但是要有限度，热脸贴冷屁股的事不是所有人都能受得了的。

2．如果他愿意和你单独散步，就说明他是喜欢你的。相对而言，如果不喜欢你，他恨不得一步飞回家。

3．如果你对一个男人有意思，其实是不需要在第一次见面就表现出自己的全部优点的。

4．一见钟情其实只需要一个切入点，或是你的眼睛，或是你的微笑，或是你的谈吐，甚至是你的一个小动作。看对了眼之后，你们有一个月、几个月甚至一辈子的时间去互相发掘，别让谜底揭晓得太快。

5．两个人不需要在第一次见面就了解对方的全部。

6．不要急于表白，男女之间的关系可以比做一场战役，彼此费尽心机，都想征服对方。一旦一方表白，就如同缴械，对方对你心里怎么想一目了然，任人宰割的后果自然不好受；不表白，双方都在暗处，可以把自己隐藏起来想对策。

7．两情相悦的情况下，表白一般不会被直接拒绝。而实际上双方有意，表白根本就是多余的。

8．看一个女人对你是否有意，要看她注视你的眼神。

9．爱上一个人总有原因的，不爱一个人肯定也有原因，只不过这些原因不见得一下子就能讲清楚。

10．彼此没有共同语言，对方不爱说话，总是以“嗯”、“哦”来敷衍你的话，其实不是对方内向，而很可能是不喜欢你。

11．一旦遇到了中意的人，就算是大闷葫芦，也会开口的。

12．很多事情，必须亲身感受才能知道，比如另一半，也许你心中有一些要求，诸如身高、长相等，可是，当你真正遇到时候，这些要求一个也没用，那种合适的感觉会摧毁你的一切要求，这其实就是男女在一起的感觉和磁场，说不清、道不明，相亲其实就是给你提供多次机会，让你感受不同的感觉和磁场，让你慢慢找到自己最需要的那种感觉和磁场。

13．另一半必须宁缺毋滥，要一生在一起的人，如果一开始就是在凑合，那一生都会活在阴影之下。

14．3秒钟，可以看清一个人的外表，3秒钟，你就知道心中的那根琴弦是否被拨动。这样讲其实有点浅薄，因为人的内在才是最重要的，但是，相亲不能让每个人都完整地展现出自己的内在美。于是，是否合眼缘，就成了能否成功的重要参考。

15．每个人在心中，其实都有自己画下的一幅肖像，这个肖像的模板或许是你最崇拜的亲人，或者是你童年时候的玩伴。当长大成人后，这个模板也就成了择偶的参考。甚至有时候会因为一双眼睛、一个表情、一种嗓音、一个背影而喜欢上一个人，就因为这些因素符合了你心中的肖像，这个就叫合眼缘。

16．相亲结婚，如果你想让婚后生活充实美满，就应该用你的个性来吸引对方。

17．作为女人，在相亲时不要主动向男人要电话。如果他真对你有兴趣，他不会忘记问你要电话的。你不给他，他也会哭着喊着问别人要的。男人一点儿都不矜持，只要他喜欢你，女人也是如此。

18．相亲不怕失败，冬天来了，春天就不会远，你已经识破了大量的赝品，沙里的金子很快就能找到。

19. 当你对对方实在没有感觉甚至感到厌恶的时候，一定要保持自己的风度，即使你认为这是今生最后一次和这个人见面。

20. 相亲时一定要有时间观念，宁愿早点到在周围闲逛，也不要迟到。尤其是嫁不出去的女生，男生等女生的时代早已过去，何况你们只是初次见面。

21. 相亲前最好先通过短信或是网上联系，可以互换照片，通过简单的交流有一个初步了解，比直接见面效果要好得多。

22. 相亲的地方绝对不能太闹，而且座位不能离得太远，如果你们谈话，周围人都听得见，这样会很傻。

23. 相亲时尽可能少谈论隐私，比如家庭收入，最好不要让对方感觉你太重视物质享受。

24. 女人在相亲时，表现一定要大方得体，装小女孩这招绝对不好使，尤其是第一次见面还不熟的时候，装嫩的反作用会很大。

25. 女人相亲的时候如果带女伴，一定要比自己丑，这个说法也许对女伴不公平，但是很好用。

26. 互动的前提是一定要有共同话题，如果没有，就需要寻找共同话题。

27. 女人往往喜欢一个男人才会接受这个男人的馈赠，所以一个女人如果怎么也不肯让男人买单，那么男人不要高兴得太早，因为这不是帮你省钱的表现，而很可能是你被淘汰出局的宣判。

附　录 2

结婚前的准备事项

结婚需要的准备事项如下：

1．双方同意

2．父母同意

3．一定的经济基础（无标准）

(注：通过以上3条才可以结婚举行婚礼，否则下面的不用看了)

1．婚礼筹备计划

1.1.决定婚礼日期、地点、仪式及婚宴方式

1.2.确定婚礼预算

1.3.草拟客人名单

1.4.召集好朋友讨论婚礼计划

1.5.确定伴郎、伴娘

1.6.确定主婚人、证婚人

1.7成立婚礼筹备组

1.7.1.召开项目启动会

1.7.2.制定婚礼项目计划书

1.7.3.明确筹备组分工

2.婚礼前准备

2.1.与婚礼的所有项目人沟通

2.1.1.就婚礼筹备计划和进展与双方父母沟通

2.1.2.发喜贴给亲友

2.1.3.电话通知外地亲友

2.1.4.网上发布结婚通知

2.1.5.再次确认主、证婚人

2.1.6.及时反馈亲友受邀信息

2.1.7.对于重要亲友进行再次确认

2.2.结婚物品采购

2.2.1.采购新家所需用品

2.2.1.1.家电、家具

2.2.1.2.床上用品

2.2.1.3.彩色气球

2.2.1.4.彩灯（冷光）

2.2.1.5.其他装饰品

2.2.1.6.蜡烛

2.2.1.7.胶布

2.2.1.8.插线板

2.2.1.9.其他物品

2.2.2.婚礼用品订购

2.2.2.1.新郎新娘婚纱礼服

2.2.2.2.结婚戒指

2.2.2.3.新娘化妆品

2.2.2.4.喜贴、红包、喜字

2.2.2.5.彩带、拉花

2.2.2.6.烟、酒、饮料

2.2.2.7.糖、花生、瓜子、茶叶

2.2.2.8.录像带、胶卷

2.2.2.9.预定鲜花

2.2.2.10.预定蛋糕

2.2.2.11.预定水果

2.3.新郎新娘形象准备

2.3.1.新娘开始皮肤保养

2.3.2.新郎剪头发

2.4.拍婚纱照

2.4.1.挑选婚纱影楼

2.4.2.预约拍摄日期

2.4.3.拍照

2.4.4.选片

2.4.5.冲印或喷绘

2.5.布置新房

2.5.1.请清洁公司彻底打扫新房

2.5.2.布置新房

2.6.确定婚礼主持人

2.6.1.就婚礼当天的计划与主持人进行沟通

2.7.婚宴预约

2.7.1.估计来宾人数

2.7.2.估计酒席数量

2.7.3.选择婚宴地点

2.7.4.确认酒席菜单、价格

2.7.5.确认婚宴现场的音响效果

2.7.6.与酒店协调婚宴布置等细节

2.7.7.预定酒席

2.8.婚礼化妆预约

2.8.1.选择化妆地点

2.8.2.与发型师、化妆师沟通

2.8.3.确认婚礼当天的造型

2.8.4.预约化妆的具体时间

2.9.婚庆车辆预约

2.9.1.确定婚车数量

2.9.2.选定婚车司机

2.9.3.预约布置彩车的时间、地点

2.9.4.确定婚礼当天婚车行进路线及所需时间

2.9.5.预约婚车

2.10.婚庆摄像预约

2.10.1.确定摄影社及摄像数量

2.10.2.选定婚礼当天摄影、摄像人员

2.10.3.对摄影、摄像人员进行分工

2.10.4.准备摄影、摄像器材和胶卷录像带

2.10.5.预约摄影、摄像

2.11.其他

2.11.1.调换崭新钞票

2.11.2.确定滚床儿童

2.11.3.为远道而来的亲友准备客房

3.婚礼前一天准备

3.1.与婚礼的所有项目干系人沟通

3.1.1.就婚礼准备工作和完成情况与双方父母沟通

3.1.2.就准备情况和婚礼当天分工与筹备组做最后沟通

3.1.3.根据准备情况，就婚礼当天仪式进程与主持人作最后沟通

3.1.4.与伴郎伴娘再次沟通

3.1.5.最后确认帮忙的亲友

3.1.6.最后确认婚宴、车辆、摄影、摄像、化妆等细节准备情况

3.2.确认婚礼当天要发言人的准备情况

3.2.1.主证婚人发言的准备情况

3.2.2.父母代表发言的准备情况

3.2.3.来宾代表发言的准备情况

3.2.4.接新娘时新娘提问的准备

3.2.5.新郎新娘在仪式上或闹洞房可能会遇到的问题

3.3.最后确认婚礼当天所有物品的准备情况

3.3.1.最后试穿所有礼服

3.3.2.将婚礼当天要穿的所有服装分装口袋

3.3.3.准备两瓶“假酒”

3.3.4.准备婚礼当天新郎新娘的干粮

3.3.5.最后检查所有物品并交专人保管

3.3.5.1.新娘的新鞋

3.3.5.2.结婚证书

3.3.5.3.戒指

3.3.5.4.红包

3.3.5.5.要佩戴的首饰

3.3.5.6.新娘补妆盒

3.3.5.7.糖、烟、酒、茶、饮料

3.3.5.8.焰火道具

3.4.新郎新娘特别准备

3.4.1.新郎新娘反复熟悉婚礼程序

3.4.2.预演背新娘动作

3.4.3.预演婚礼进行台步

3.4.4.预演交杯酒动作

3.4.5.放松心情、互相鼓励

3.4.6.注意睡眠、早点休息

3.5.准备闹钟

3.5.1确认一只正常工作的闹钟

3.5.2将闹钟调到5：30

4.婚礼当天流程

4.1.化妆

4.1.1. 5：30 起床

4.1.2. 7：00 新郎发型做好后到达女方家附近等待

4.1.3. 7：45 新娘妆完成，通知新郎

4.2.婚车

4.2.1. 6：30 开始布置彩车

4.2.2. 7：00 专车送新郎至女方家

4.2.3. 7：30 彩车完成

4.2.4. 7：45 专车送新娘回女方家（8：30前到达）

4.2.5. 9：00 所有婚车到达女方家

4.3.抢新娘

4.3.1. 8：00 伴郎准备好鲜花、小礼物等

4.3.2. 8：30 新娘回到娘家，藏好新鞋

4.3.3. 8：40 新郎开始接新娘

4.3.4. 8：45 敲门进屋

4.3.5. 8：55 新郎找新鞋，向女方家 人承诺

4.3.6. 9：00 彩带师到位、气球到位

4.3.7. 9：05 新郎、新娘出门，踩气球

4.3.8. 9：10 车队出发

4.4.迎新娘

4.4.1. 10：00 车队到男方家

4.4.2. 10：05 新郎抱新娘进门，踩气球

4.4.3. 10：10 小孩子滚床

4.4.4. 10：15 伴娘准备好茶

4.4.5. 10：20 新娘给男方父母敬茶

4.4.6. 10：40 新郎新娘出发至酒店

4.5.酒店准备

4.5.1. 10：00 将糖、烟、酒、茶、饮料等带至酒店

4.5.2. 10：10 最后检查酒席安排、音响、签到处等细节

4.5.3. 10：30 准备好新郎新娘迎宾香烟、火柴（打火机）、糖

4.5.4. 10：45 彩带师到位酒店门口

4.6.酒店迎宾

4.6.1. 10：50 新郎新娘到酒店，彩带

4.6.2. 11：00 签到处人员就位

4.6.3. 11：00 引导人员门口就位

4.6.4. 11：00 新郎新娘伴郎伴娘门口迎宾

4.7.婚礼仪式

4.7.1. 12：15 主持人准备

4.7.2. 12：15 音响准备

4.7.3. 12：15 结婚证书、戒指准备

4.7.4. 12：15 气球、彩带到位

4.7.8. 12：20 奏乐，新人入场，抛彩带、踩气球

主持人介绍

主婚人致辞

证婚人宣读结婚证书

新人父母上台

新郎新娘交换戒指，三鞠躬

新人给父母敬茶

双方父母代表讲话

双方父母退场

第三方代表讲话

新人开香槟、切蛋糕、喝交杯酒

游戏

4.7.9. 13：00 婚宴正式开始

4.7.10.13：00 新郎新娘退场、速食，新娘换礼服

4.7.11.13：15 新郎新娘逐桌敬酒

4.7.12.14：00 宴席结束，宾客与新人合影

4.8.下午休息

4.8.1. 14：00 宾客离开

4.8.2. 14：30 新郎新娘进餐、休息

4.8.3. 14：30 清点所剩烟酒糖等

4.8.4. 14：30 统计晚餐人数

4.9.晚餐

4.9.1. 17：00 通知酒店晚餐准备数量

4.9.2. 18：00 请宾客进晚餐

4.9.3. 20：00 清点所有物品，离开酒店

4.10. 闹洞房

4.10.1. 21：00 开始闹洞房，节目自由发挥

4.10.2. 22：30 宾客离开

4.11.摄像摄影

4.11.1.摄像A从新娘化妆开始全程拍摄新娘

4.11.2.摄像B从新郎抢亲开始全程拍摄新郎

4.11.3.摄像C拍摄婚礼仪式全过程

4.11.4.摄影适时拍摄

5.婚礼项目结束